ちくま新書

「頑張れない」子をどう導くか

――社会につながる学びのための見通し、目的、使命感

宮口幸治
Miyaguchi Koji
田中繁富
Tanaka Shigetomi

1858

はじめに

本書は目の前にいる「頑張れない」子どもたちをどう理解してどう正しく導けばいいのかがテーマになっています。「頑張れない」ことの背景にはさまざまな要因が考えられますが、子どもの能力的なものに起因するものではなく、周りの大人の思い込みや押しつけ、固定観念、生活・教育環境などによって、その力が奪われてしまっているケースを取り上げました。大人のどのような言動があって、それによって子どもたちがどう影響を受けてしまうのか、ではどう考えて対処していけばいいのかといった観点から、主に学習面について解説したものです。

本書の一番の目的は、さまざまな理由で頑張れない子どもたちのやる気に少しでも

繋がるように、我々大人ができることを考えていくことです。それに先立ち、**やる気に繋がる3つの段階**というものを仮定してみました。それが本書の軸となっている**〝見通し〟、〝目的〟、〝使命感〟**です。これらは拙著『どうしても頑張れない人たち』（新潮新書）でも取り上げてきたものです。順にご説明します。

〝見通し〟は、**どれだけやれば自分の目的や目標が達成できるか、もしくはその努力が報われるのか、といったもので、言わば地図のようなもの**です。目的地が初めての場所であればそこに行くにしても、地図がないとどうやって行っていいのかイメージができません。地図を見て場所がイメージできれば、こう行けばいいのだと当たりを付けることができます。同じように「やればできる」「努力は報われる」という言葉を大人に言われても、本人の能力に比べてあまりに高すぎる目標や、または大人の過剰な期待から生じた目標であれば、どうすれば達成できるのかイメージできません。

この〝見通し〟がもてるというのは、どのくらいすればできるのか、どのような努力をすれば実現できるのかを、子ども本人が具体的にイメージできるようになることです。見通しがもてないと何をするにも不安で、頑張ることも困難になるでしょう。周囲の大人はそれをサポートしていきます。

〝**目的**〟は、**何のために頑張るのかを具体的にイメージできる一つのゴール**とも言えるものです。地図で言えば、どこに行くのか目的地を決めることでもあります。目的地は、「〇〇高校に行きたい」「部活の試合で勝ちたい」といった近いゴールから、将来、「野球選手になりたい」「ユーチューバーになりたい」といった未来のゴールまで、さまざまです。そのために見通しという地図を使って、目的地に向かって頑張っていくのです。楽な道もあればいばらの道もあります。大人としては目的地が遠すぎないか、本人に適した場所か、安全か、途中で迷わないか、など配慮しながら子どもに伴走していきます。

〝**使命感**〟は、**目的の先にあるもの**です。**地図の例ですと、その目的地に無事に着けたとして、そこで何をしたいか**ということです。アルプスの頂上のようにそこに辿り着くこと自体が目的の場合もありますが、たいていはそこで何かをするために目的地としたはずです。それがここでいう使命感になります。希望の職種に就きたいという目的のために頑張るのはイメージできますが、ではその仕事に就けたとして、そこで何をするのかです。野球選手になりたくて頑張ってなることができた。でもそれで終わりではないはずです。どんな選手になりたいか、おそらく選手にとってはそこからが真の意味でのスタートと言えるでしょう。目的地でやること、頑張ることが自分の人生にとってどんな意味があるのか、社会にとってどんな意義があるのか。これは目的地に着いた本人でないと分からないと思いますが、周囲の大人は自分たちの経験からアドバイスしながら支えることができます。

これらの3つの軸に沿って第一章では〝見通し〟に、第二章では〝目的〟に、第三章では〝使命感〟に、子どもたちをうまく繋げるために、周囲の大人はどうサポートすべきかを提案していきます。概要は以下の通りです。

第一章では、子どもが〝見通し〟をもてるように大人としてどう関わればいいかを扱いました。まずはよくない例を考えていきます。大人が子どものために、よかれと思って余計なことを言ってしまい、それでかえって子どもが頑張るための〝見通し〟を奪ってしまう例です。地図で言えば、余計な書き込みをして見にくくするようなものです。子どものために何かしなければいけないとなると、それは大人にとって負担になります。ここでお伝えしたいのは「何もしない」こと。実はこれも立派なサポートの一つとなるのです。その前提のもと、次に、子どもに〝見通し〟をもたせるために大人ができる工夫を紹介しています。

第二章では、子どもが目指す〝目的〟を支えるに当たり、大人がもつ思い込みや固定観念によって生じる子どもへの歪《ゆが》んだ見方を挙げ、子どもを違った目的地に連れて行かないための具体的な支援策を紹介しています。さらに、大人どうしが協働して子どもを支えるために、相互の立場を理解し合うことを提案しています。

第三章では、子どものやる気を〝使命感〟に繋げるため、どう支えていくかを扱いました。〝使命感〟をもって何かを頑張るということは子どもにはまだ先になるかもしれませんが、将来的に〝使命感〟に繋がることができるよう周囲の大人たちが考えておくこと、また子どもたちの手本となれるよう、我々大人は地図上の目的地をどう探し、そこで何をしてきたかを子どもたちに方向性として示す必要があると思います。そのため〝見通し〟〝目的〟を含めたいくつかの観点からご紹介しました。

本書は、児童精神科医である私と小学校の現役教員である田中繁富氏の両名でそれぞれの経験をもとに共同執筆しています。実際の教育現場で起きていることを挙げながら、理想論に留まらないよう構成や内容を何度も協議してきました。みなさまが普段奮闘しておられるお子さまたちのサポートに、少しでもお役に立てれば幸いです。

著者を代表して

立命館大学教授・児童精神科医　宮口幸治

「頑張れない」子をどう導くか——社会につながる学びのための見通し、目的、使命感【目次】

イラストレーション＝須山奈津希

第一章

子どもが〝見通し〟をもてるように

1　余計な一言を言わない

†「努力しないと厳しいよ」――負の暗示

本章では、子どもが〝見通し〟をもてるよう大人としてどう関わればいいかを扱っていきます。そのうち本節では、大人がよかれと思って子どもに余計なことを言ってしまい、それでかえって子どもの見通しを奪ってしまう例を挙げていきます。

子どもが頑張るための〝見通し〟をもてるためには、自分の努力や頑張りが結局どう返ってくるのかということがある程度、予想がつくことが必要です。勉強しても成績がまったく芳《かんば》しくない小学生に超難関中学校を目指すために頑張らせるのは、ある意味させてはいけない努力に相当するでしょう。先がまったく見えないからです。周囲の大人としてはその子の実力を見据え、身の丈に応じた身近な目標と見通しを持たせることが大切です。

しかしだからといって「やっても無駄だよ」といったメッセージを子どもに伝え続けていいわけではありません。今はさっぱりでも将来驚くほど伸びる子どもも確かに存在します。ですので、周囲の大人としては、常に子どもの可能性を信じつつ子どもの適性や能力を見ながら適切な声かけをしていくことが求められます。

大人の一言は子どもに大きな影響を与えます。ある中学生が高校受験で志望校について担任の先生に相談しました。すると先生から「〇〇学校に行こうと思ったら相当厳しいよ。かなり勉強しないと無理だよ」と言われてしまい、必要以上に恐れて見通しがもてなくなり、やる気をなくしそうになったらしいのです。結果的にはその子は先生の言葉を真に受けず、自分は絶対に受かると信じ見事志望校に合格しました。後になって「あの時、先生の言葉を信じていたらと思うとゾッとする」とその子は教えてくれました。

その先生としては決して本人のやる気を削《そ》ぐ意図はなく、むしろ気合を入れ努力を促そうとする気持ちで言葉をかけたのかもしれません。しかし、子どもは皆そこまで期待通りに察してくれるとは限りません。例えば、注射をされる前に「この注射痛いよ」と聞かされて注射されると、やはり痛く感じますし、逆に「痛くないよ」と聞かされる方が痛みは少なく感じるものです。つまり**事前の暗示がその後の気分を変えてしまうことがある**のです。**「かなりの努力が必要だ」と言われると、成し遂げるにはかなり厳しい、無理かもしれない、という暗示を努力の前にかけられることになります。**

「絶対に受からないよ」と言われて努力しようとする子どもは稀《まれ》です。努力しても報われないかもしれないという不安とも向き合わなければいけないからです。自信がない子どもならなおさら「やっぱりな。どうせ自分なんて無理だ」と思い、努力する前にきっと諦めてしまうことでしょう。私たち大人がよかれと思って発している余計な言葉かけがいかに子どもから見通しを奪い、やる気を奪ってしまっているか感じざるを得ない瞬間でもあります。

ではどう声かけをすべきでしょうか。**「○○しないと△△できない」「努力しないと**

無理だ」という言葉かけよりも「〇〇すれば□□できる」「努力すれば大丈夫」と見通しがもてるよう言い換えるといいでしょう。まずは「これだけやったら合格できる」と具体的な計画とゴールを示してあげます。イメージが持ちにくい子であれば、「次のテストで〇〇点くらい取れれば大丈夫だよ」「次のテストまでに不定詞の文を訳せたら大丈夫だよ」「次の練習試合で〇〇勝くらいできれば本番でも大丈夫だよ」と近いゴールを設定し、現実味を持たせてあげます。「〇〇しないとだめだ」に比べて、「□□すれば大丈夫」という声かけは、到達するための工夫や集中など自分の意志や努力の方法が反映されやすくなります。それに「言うこと聞かないと怒るよ」などのように「〇〇しないと△△するよ」は、場合によっては子どもへの脅《おど》しにも相当しますので使い方に注意が必要です。

でも、ゴールが本人にとって高すぎて見通しがもてないこともあります。自信をもちすぎて切迫感や危機感のない場合には逆に「努力しないと相当厳しいよ」という言葉でスイッチが入る場合も確かにありますので、子どものタイプとそのペースを観察していきましょう。こういった子たちは理想ばかり言って努力しないこともありますので、その場合は近い目標（「次のテストでは○○の分野を克服する」など）を決め、自分の力がどうであるかなど、身近なところから本人に自分の力を気づかせることが効果的です。

†「だから言ったじゃない」——失敗の後のダメ出し

大人は子どもの失敗が怖いものです。「失敗を恐れずチャレンジしよう」と声かけしたりすることもありますが、これはいってみれば大勢に向けた建前の言葉かけであって、大人の本心は目の前の子や自分の子どもが失敗するのを見るのはとても辛いことだと感じます。

そんな中、大人の言うことを聞かず、無茶をするように見える子どもたちもいます。例えば、一輪車の練習をやっている子どもたちを見るとヒヤヒヤします。そして大人は心配してつい「転んだらどうするの！」「危ないからやめなさい！」と声をかけることがあるでしょう。成功体験をもたせようと思うがあまり、子どもを失敗させたら駄目だと考え、事前に無茶をするなと伝えるのです。でも子どもはなかなか言うことを聞きません。そしてついに転倒して怪我をしてしまった場合、大人としては歯がゆくなったり苛立《いらだ》ちを感じたりして何か一言、言いたくなってしまいます。

「ほら、だから言った通りでしょう」

と言ったりすることもあるでしょう。でもこれは結果的に失敗した子どもに対して「あなたには無理なんだよ」とダメ出しをしているのと同じです。これが子どもの見通しを奪い、気持ちをさらに沈ませる原因になることがあります。こういった場合、一番つらいのは失敗した子ども自身です。子どもは無茶した後でも失敗した自分をいたわってほしいという気持ちがあります。にもかかわらず**失敗の後にダメ出しをされると、逆にそこで傷口に塩を塗られ、傷ついてしまうのです。**

そういった子どもを前にした場合、**まずは一呼吸おいて心の中で「つらいのは子ども」と呟《つぶや》きましょう。**そして、失敗した子どもにねぎらいの言葉をかけ、悔しい気持ちに共感してあげます。その後、今回の失敗は自分にとってどうだったか、子ども自身の声を聞いてみましょう。自分から反省して「もうしない」と言うかもしれませんし、「もう一回やってみる」と言うかもしれません。もしもう一回やるとすれば、次はどこに気をつけるかなどを聞いてみるといいでしょう。例えば、「頑張っていたけど痛かったね。泣かなかったのは偉かったよ」「転ばないためにはどうしたらいいかな？」など、**過去の失敗に向き合わせるのではなく、これから先のことを一緒に考えていくといいでしょう。そうすることで子どもは見通しがもてるようになります。**

もちろん、明らかに無謀なことや危険なことは事前にやめさせる必要があります。その場合は、「○○したら駄目」と行為を否定するのではなく、「△△しなさい」と適切な行動をするよう肯定文で促しましょう。例えば、「一輪車に乗るのは駄目」ではなく、「自転車に乗れるようになってから一輪車にチャレンジしなさい」などです。子どもが失敗したときには、一緒に今後のことを考え、子どもの気持ちに寄り添うことが、次の挑戦への意欲を育むために大切なのです。

†「毎日コツコツ勉強しなさい」――みなさんは〝コツコツ〟できますか？

大人が子どもに継続して勉強することの重要性を伝えるとき、つい「毎日コツコツ勉強しなさい」と言ってしまうことがあります。子どもには毎日コツコツ勉強して、積み重ねをしてほしいという思いがあるためでしょう。しかし、「コツコツ勉強する」という言葉を聞くと、おそらく子どもは修行僧のようなつらい苦行のイメージを思い浮かべるのではないでしょうか。**勉強が苦手な子どもはたいていコツコツ勉強するのが苦手です。「苦手なことを克服するために苦手なことをしなさい」と言っているのがまさに「毎日コツコツ勉強しなさい」という言葉かけなのです。**コツコツ勉強することのイメージがもてないのに、先の見通しがもてるわけがありません。

しかも厄介《やっかい》なことに、ほとんどの大人は子どもの頃から毎日コツコツ勉強した経験は少ないはずです。私もそうでした。一方で子どもにはコツコツ勉強してほしいという気持ちから、子どものペースや能力を見ずに「こうするべきだ」という考え方を押しつけてしまい、子どもの見通しを奪い、やる気を失わせてしまうのです。

コツコツやるというのが悪いわけではありません。地道に努力を重ねる、といった意味ではとても大切なことです。ただ、「コツコツやる」のはいいとしても、「コツコツしなさい」といった言葉かけがよくないのです。**努力できない子どもに「もっと努**

力しなさい！」と言うよりも、努力できるような動機づけをどうすればいいかを考えるほうが効果的なのです。そういった意味で、コツコツやるのが苦手な子どもにとっては、とにかく「できた」という見通し体験を優先させたほうがいいでしょう。

勉強は、必ずしも基礎を学んでからでないと解けない問題や基礎的なことが土台になっている問題ばかりではありません。例えば算数の「図形」の面積は公式が分かれば答えを出すことができますので、もし掛け算や割り算が苦手でも、とりあえず電卓を使えば面積の問題は解けます。すぐに「できた」という体験を持たせることは可能です。学ぶ順番にこだわりコツコツと計算の練習をさせるなど、先に基礎的なことを求める必要はないのです。**まずは「できた」という体験を増やし、少しでも学習への不安を減らし見通しをもたせてあげましょう。**コツコツやるのはその後からでもいいのです。

†「分かることへのこだわり」——分かること至上主義

子どもが分かるまで丁寧に教えてあげたい、という熱心な先生がおられます。子どもが「分かる」と、先生自身も、子どもがその先の見通しをもてると感じるのでしょう。もちろん勉強が「分からない」よりも「分かる」ほうがいいのは当たり前ですが、ときに「分かること」に強くこだわり過ぎると、それが逆に子どもの見通しややる気を奪ってしまうこともあります。

「分かること=よいこと」を強調されると、子どもは分かることへのプレッシャーを感じて、逆に「分からないこと」への恐怖心が出てきます。「分からない自分=駄目な自分」と繋がってしまうことがあるからです。

先生も分からせるために子どもの能力や個性、ペースを見なかったり、レベルを下げすぎたり、必要なことでも省略してしまうことがあります。そうすると子どもが分からないことに対し「考えてみる力」、「分かろうとする力」が次第に弱くなります。

一方で勉強はどんどん難しいことに進んでいき、いつか必ず分からないことが出てきます。そこで「分からないこと」に遭遇すると、見通しがもてなくなりプレッシャーや恐怖心からやる気をなくしてしまうのです。

そこで、代わりに「分からないことは駄目なことではない」と伝えてあげましょう。

そして小学校1年生の時には分からなかったことが今では簡単に分かっていることなどを体感させ、分からないことでも、だんだん分かってくることがよくあることに気づいてもらい、見通しをもたせてあげます。また併せて、「先生も昔は分からなかったんだよ」「今でも分からないことがたくさんあるよ」「世の中にはよく分かっていないことがたくさんあるんだよ」などと伝え、「分からないこと」への恐怖心を小さくしてあげるのもいいでしょう。

子どもは毎日のように新しいことや難しいことに挑戦しています。勉強以外にも社会のしくみ、友だちとのトラブルなど初めて体験することばかりです。でもそういったことでも、生活体験が多くなればどうすればいいか分かるようになること、知識が増えれば分かるようになること、ある日を境に突然分かるようになることなどがあります。むしろ**「分からないことに耐える力」、「分からないことがあっても頭の片隅に置いておく力」のほうが大切なのです**。無理に分からせようとするよりも子どものペースに合わせて成長を待ってみましょう。

†「宿題したの？」――やる前に言ってしまう

親が子どもに「宿題したの？」と確認する場面は日常的によくあります。特に、子どもの成績が悪いにもかかわらず、勉強もせずにYoutubeなどの動画やゲームに夢中になっていると、親は「またゲームばかりやっていて、勉強はどうするの？」と思うのは当然です。親としても子どもの先行きが見えず焦りと不安が増すばかりです。また親からすると、今、自分がしっかり言わないと子どもは何もやらないのでは、と口うるさいとは思いつつも、つい「宿題は？」と言ってしまうのです。

しかし、このような声かけは、いっそう子どものやる気を削いでしまうことも少なくありません。想像してみてください。もし我々も毎日家族から「ダイエットしなさい」と言われ続けるといかがでしょうか。それで心を入れ替え「そうか。では頑張ってダイエットしよう」となることはあるでしょうか。「そんなことは自分が一番よく分かっている。放っておいてほしい」と思うのが当然でしょう。にもかかわらず家族がダイエットについて言い続けると、家族の関係は殺伐《さつばつ》としたものになるかもしれません。

これは子どもに「宿題は？」「勉強しなさい」と言い続けるのと根本的には変わりません。特に、そろそろ宿題しようと思ったときに「宿題やったの？」と言われると、出鼻を挫《くじ》かれ「そんなこと分かっているよ。放っておいて」と言い返したくなりますし、そこでもし宿題をやってしまうと結果的に親の指示に従ったことになります。親のほうも、「宿題したの？」と言った時に子どもが宿題をすると、効果があったと勘違いし、その後も「宿題したの？」を繰り返してしまいます。しかし、子どもにやる気がない時は言ってもやらないので、親は混乱して、もっと強く言わなければと思い「宿題したの？」と言い続けてしまい悪循環に陥ります。

「でも、この子は私が言わないと絶対自分で宿題しないんです」とおっしゃる親もおられます。しかし**常にそう言い続けることで子どもが自らやるチャンスや見通しを奪っていることもありますので要注意です。**もし子どもが言われる前に宿題をして親からほめてもらおうという気持ちになっている時に「宿題したの？」と言われて宿題をしてしまうと、ほめられる機会を失います。普段、親からあまりほめてもらっていない子どもは、ほめられたい気持ちが強いほど、かたくなに宿題を拒否することもあります。

子どもがテレビや動画を見ていて「またか」と思っても、まず学校での様子などを聞いてあげるとよいでしょう。子どもはすぐに「宿題」のことを言われないことに安心します。それから必要に応じてせいぜい「宿題で分からないことがあったら見てあげるよ」と伝えるくらいにして、**子どもが自主的に行動するための手助けをしてあげるつもりでいる**のがよいでしょう。ただこれには子どもの観察も必要で、時間がかかっても勉強に向かえた時はしっかり認めてあげ、時には一緒に計画を立ててあげるなど、大人の忍耐力も試されるところです。

†「どうしていつもそうなの?」——言い訳できなくする

子どもが約束の時間を守れなかったり、決められたルールを破ってしまったりすることはよくあります。こうした場面で見通しがもてず約束を守れない子どもに対して、つい大人は「どうしていつもそうなの？」と強い怒りを示してしまいがちです。しかし、**子どもは理由のない行動をとることが数多くあります。**誰かを叩いた、嘘《うそ》をついた、約束を破ったなど、駄目だと分かっていてもコントロールできないこともあります。子ども自身、見通しがもてない自分の行動を不甲斐《ふがい》なく思っている可能性もあります。

そんなときに**「どうしていつもそうなの？」と叱《しか》ることはその行動を叱っているようではありますが、子どもにとっては自分の性格を叱られているように聞こえます。**「どうしてあなたはいつもそんな性格なの？」と言われているのと同じです。子どもは黙っているしかありません。言い訳をするとさらに大人を怒らせることになります。こういったことが**子どもを追い詰め、自信をなくすことにつながる可能性があります。**

大人は子どもから約束を破られるとつらくなり腹が立つのも当然です。そして、子どもに「どうしてそんなことを？」と答えられない理由を聞いたり、いったん起きてしまった結果を責めたりします。もちろん、元々は子どもの行動がきっかけになっていますが、それはたいてい大人の「自分の言うことを聞いてくれなくて悲しい、腹が立つ」といった怒りの表現でもあるのです。

こういった場合「どうして……」という理由を聞くような言い方が本当に必要なのかを考えてみましょう。大人は「なぜ？」と理由を知りたがります。ちゃんとした理由が言えないと「まだ心から反省していない」と考え、納得できる理由を聞き出せるまで子どもを問い詰めることもあります。しかし、理由を問い詰めすぎると、子どもなりに嘘をついたり理由を創作したりしてしまい、それが大人にとって納得できる内容であるほど、大人は満足してしまいます。そして、子どもも自分の行為を振り返ることから余計に遠ざかることにもつながるのです。

大学でも同様なことがあります。定期試験のカンニングやレポートの剽窃行為《ひょうせつこうい》が時々問題になりますが、その行為自体はよくないにしても、それを行った学生に対して大学側は「なぜそんなことをしたのか」といった反省文を書かせるのです。そこにちゃんとした理由が書かれていて本心から反省したと担当教員から判断されるまで、何度も書き直しをさせられます。もしそこに「楽をしたかったから」「ばれなきゃいいと思った」と書かれていて「これは反省してない」と判断されると、書き直しをさせられることもあります。「楽をしたい」「ばれなきゃいい」はきっと学生の本心でもあり正直に書いているはずです。でもそれでは反省していないとみなされ、一方、「アルバイトやサークル活動が忙しくて講義に出られなかった。悪いことだと分かっていたが……」などとそれらしいことが長々と書かれていると「今度こそしっかり反省した」と判断されるのです。文章だけなら何とでもそれらしいことを書けますし、もっともらしい話を作っている可能性もあります。でもそのほうが担当教員は反省したと判断し、満足してしまうことで、学生自身の本当の省《かえり》みの機会を失わせている気さえします。

「どうしてそんなことを」と子どもや学生を問い詰めても対話は始まりません。話を創作するだけに終わるかもしれません。**むしろ、次からどうするかを本音で話し合ったほうがいいでしょう。自分でルールを決めさせ、守れなかった場合はどうするか、守れるようになるにはどうしたらいいかを一緒に考えるほうがよっぽど有意義でしょう。**

†「本当は言いたくないけど」――余計な前置き

大人はときに子どもを見守りながらも、言わなければいけないことがあります。しかし、前置きが否定的なメッセージになると、子どもはどうしてもその後のメッセージを素直に聞けなくなります。例えば、「本当は言いたくないけど」という言葉の後にどのような言葉が続くことが予想されるでしょうか。

「君のこういうところがよくない」
「こうしたほうがいいんじゃないか」

など、いかにもネガティブな言葉が続くだろうことが予想されます。もっと分かりやすく言い換えれば「ずっと君に我慢してきたけどもう限界だからこれから否定的なメッセージを伝えるよ」と言われるようなものです。これをスッと受け入れることのできる子どもは少ないでしょう。いくら大人の本心に「君のためを思って」という意図があっても、そこまでは伝わりません。さらにこのような**否定的で余計な前置きは、子ども本人の気持ちを確認せずに相手の行動を決めようという大人の意図もあり、見**

通しや、やる気を失わせる原因にもなります。

そもそも我々大人にとっても前置きは、たいてい余計なものです。誰かについて噂《うわさ》する際に「あの人は悪い人ではないのだけど」と言った後に続く否定的なメッセージも同様でしょう。本当に悪い人とはそもそも付き合わないでしょうし、そのような前置きは相手をよく思っていないことの裏返しでもあります。何か言う前に一呼吸し、その言葉が本当に必要かどうかを考えてみましょう。

子どもに対しては、例えば「困っているように見えるから、相談にのれることはあるかなと思って言うのだけど」といった言葉かけは、これから大人が何を言うか子どもも予想がつき見通しもてます。叱られるのではなく自分を助けるために言ってくれていると理解し、安心して聞くことができるでしょう。

†「ほんとに?」——最初から疑ってしまう

子どもが学校に遅刻することは時々ありますが、その背景にはさまざまな要因が隠れていることがあります。例えばお腹の痛みに悩まされている子どもが、朝に痛みを感じてすぐに学校に行けない時、その状況を親に伝えることがあるでしょう。しかし、親が「ほんとに？」と返答した場合、その言葉は子どもの心に深い傷つきをもたらすこともあります。

たしかに、朝になるとお腹が痛くなるようなことが何度か起こると、親としても「本当は学校に行きたくないだけではないか」と疑いたくなるかもしれません。しかし、どのような場合であれ、困った状況を相手に伝えたときに、最初に「ほんとに？」と返されると、その困った状況を信じてもらえなかったと感じてしまいます。**しんどさや大変さを伝えても分かってもらえない、本当かと疑われてしまうことは、誰にとってもつらい体験です。**

でも子どもの言うことを鵜呑《うの》みにしていると、わざと学校を休んだり、嘘をついたりするようになるのではないかと心配されるかもしれません。しかし、子どものそういった気になる行動には理由があります。また、自分一人では解決できないことも多く、子どもは色々な形でＳＯＳを出します。たとえ「お腹が痛い」が嘘で仮病《けびょう》だったたとしても、嘘をつくこと自体に理由があります。学校でいじめに遭《あ》っている、友だちとうまくいっていない、先生が怖いなど、さまざまな理由も考えられます。**嘘をつくことはいけないと言う前に、どうして嘘をつこうとしたのか、その背景を考えてあげましょう。**

また、こういった場合、親自身が、子どもに「今日も遅れて行く」などと言われたときの自分の気持ちにまずは気づくことが大切です。おそらく悲しい気持ち、腹立たしい気持ちになるかもしれません。でも「ほんとに?」と言いたい気持ちをいったん抑えて、淡々と子どもに接してみましょう。子どもの言った言葉をそのまま使って繰り返してみるのもいい方法です。「今日、お腹が痛くて。少しマシになってから行く」と言われたら、「そう、お腹が痛いから少しマシになったら行くのね」と返す、といった具合です。**子どもが何かに困っていてそれを正直に言えない時でも、疑うことなく自分を受け入れてくれる親の存在は、子どもに安心感を与えます。その安心感は子どもの前向きな「見通し」にもつながるのです。**

2 〝見通し〟をもたせる手立て

ここからは主に勉強が苦手な子どもに見通しをもたせるための工夫についてご紹介していきたいと思います。

†「意外と簡単だ」と思わせること

まずは**程度に差はありますが「勉強って意外と簡単」と子どもに思ってもらうことです**。そのためのポイントとして、扱うのは基本的な問題だけにして先に進み、学習内容の全体像を体験させることを優先させる方法があります。小学生の問題を中学生が解いたらすぐにできるものもあります。それは一度全体像を把握すると急に理解度が向上することや、生活体験が多くなることで経験と照らし合わせて簡単に解けることもあるからなのです。学習がある程度進めば自然にできるようになる問題も出てきます。

大人としては、子どもが簡単な問題が解けるようになれば、どうしてもさらに難しい問題に取り組ませたくなりがちです。でもそう簡単にはいきません。学習には定義という「きまり事」が多く出てきます。勉強が苦手な子どもは、それを覚えるだけでも大変で、簡単な問題ができたからといって、それでその「きまり事」が身についているとは限りません。ひょっとしたら何とか精いっぱい真似ることができただけかもしれません。自転車に譬《たと》えると、やっと補助輪なしに乗れた状態なのに、もう1サイズ大きな自転車に急《せ》かして「乗ってみなさい」と言うようなものです。

当の本人も同じようにやればできるだろうと思っていても、なかなかそうはいきません。そういった挫折経験が続くと見通しがもてなくなり次第にやる気を失ってしまいます。勉強が苦手な子に難しい問題をやらせてもほとんど意味がありません。それよりも「意外と簡単なんだ」と感じさせることのほうがずっと効果的です。小学校の応用問題になってくると、単に順位をつけて競うためにパズルのような難しい問題も出てきます。勉強ができる子にとってもそのような問題は、やっても力がつくとは限りません。子どもにとって「新しいことが分かった」という実感がないこともあり、学習意欲がなくなることもあります。問題がすべて解ける必要はないので、意外と簡単だと思えることが大切なのです。

ところで勉強が苦手な子どもは一度問題ができても、数日経《た》つとまたできなくなることもありますので、基本的な問題でも日にちをあけて繰り返し取り組ませましょう。基本問題はほぼ大丈夫といった安心感と自信をもって初めて、少し難しい問題にもチャレンジしようという気持ちが生じてくるのです。もう補助輪なんて要らない、と自信をもって自転車に乗れることで、初めてもう1サイズ大きな自転車にもチャレンジできるのです。

†解答を見せて近道を

次のポイントは答えをすぐに見せることです。子どもが勉強に取り組む際、大人としては「自分の力で考えて解いてほしい」という気持ちから、すぐに答えを見せずとことん考えさせることをしがちです。大人は子どもに比べ既に分かっていることが多いので、分からなくても考えたら何とかなると思いがちです。だから「自分で考えることが大切」という思いで、「分からなくてもすぐに答えを見ずに自分の頭でしっかり考えて力をつけてほしい」という願いを子どもに向けてしまうのです。一方、これから勉強していく子どもたちは初めて知ることだらけです。知らないことのほうが多い子どもたちにはいくら考えさせてもどうしてもできない問題もあるのです。そういった場合、本人の能力やペースを見ず、**分からない問題ばかりに長時間格闘させると子どもは無力感を味わい続け、いっそうやる気を失っていきます**。特に勉強が苦手な子どもは分からない問題のほうが多くあるので、見通しがもてず、いっそうやる気を失ってしまう恐れがあります。

人は取り組む課題の半分以上ができなければやる気を失うと言われています。学校では個人のペースに合わせて授業が進むわけではないので、たとえ分からないままでも放っておかれ、自信を失い続けていくこともあります。少なくとも家は、自信を失わせる場にしないようにしてあげましょう。やる気を保つために半分以上は間違えずにできる問題までレベルを調整してあげ、**基礎的な学力や知識が不足している場合やレベル的に困難な問題は、すぐに答えを見せてそれをノートに写させてもいいでしょう。**答えが分かってから問題の意味が分かることも多々ありますので、「この答えになるには、どのように考えればよいのだろうか」という教え方も効果的です。

答えをすぐに見せると、もう自分で考えずに答えを丸写しするだけにならないか、と大人は心配します。しかし子どもが答えを丸写ししてしまうことの背景にあるのは、親からよく見られたい、叱られたくない、恥ずかしい思いをしたくない、といった不安な気持ちだったりします。丸写しを責めたり心配したりするよりも、その不安を理解してあげましょう。答えを見せずに難しい問題にチャレンジさせるのは、ある程度学習が進み子どもが自分の力を試したいと思うときだけでいいのです。

†漫画でも「おもしろかった」と思える体験を

親として、子どもに本を読ませたいと考えるのは自然なことです。読書を通して知識が得られ、言語能力も向上しますし、さらには想像力や共感力を育てることも期待できますので、多くの親は子どもが読書好きになってほしいと望むでしょう。

一方でもし子どもが本をまったく読まなければ、心配になり、子どもが興味を持ちそうな本を買ってきたりして大人は子どもに何とか読ませようとすることもあります。時には「○○君は本をいっぱい読むんだって」「お隣の△△さんは、感動して泣いたって言ってたよ。だから一回読んでみなさい」などと言って本に興味をもたせようと画策したりします。しかし読書がどうしても嫌いな子どももいます。その原因として、内容に興味がない、集中できない、漢字が読めない、文章を読むのが苦痛といった背景もあります。子ども自身、なぜ読書をする必要があるのかについて先の見通しがもてないこともあるでしょう。本人に読書をする気がない、または読書自体を苦痛に思っている時点で、大人がおもしろさを一方的に伝えたり、無理強いしたりすると子どもはムキになって読まなかったり、ますます本嫌いになってしまいます。

まず大人が英文で書かれた本の読書をすることを想像してみましょう。いくら文学的に価値が高くておもしろいと言われても、そもそも英語がびっしり書かれた本を楽しみながら読む人は一部の専門家を除いて稀《まれ》でしょう。もし英文であればやはり最初は図鑑や絵本、漫画など、自分が少しでも興味のある分野の本のほうが関心を持って読めるのではないでしょうか。

子どもも同じです。**まずは何であれ、本に親しむことで読書への見通しをもってもらうことから始めましょう**。それが最初は漫画や付録目的で買った雑誌、キャラクターだらけの雑誌でもいいのです。そして次に子どもが興味ある分野の本（ゲームが好きならゲーム攻略本など）に移り、**紙の本には自分の好きなことが書いてあるんだ、といった気づきを持ってもらうこと**です。

また、英文でも英単語を知らなければ読めないのと同様に、日本語の読書もある程度漢字を知らないと読めません。ですので、もし読書をしないことが心配なら先に漢字を中心に学習させてみてもいいでしょう。漢字を覚えて役に立たないことはありません。それで文章が読みやすくなり読書意欲につながることもあります。そして何よりも、覚えた分だけ子どもに力がつき成功体験にもなります。読書についても無理に強いるのではなく、興味が出てくるまで待つしかないのです。

†本は読んでも感想を書かせない

子どもに本への興味が出てきて、本好きになって、いっぱい本を読み出したとしても、そのことで何かを期待するのは要注意です。大人としては、ある本を読んだ子どもに対して「(主人公のような)立派な人になってごらん」「あなたも○○しなくちゃね」とつい言いたくなります。さらに読書を通じて知識を広げ、感想文などを書くこと通じて考え方を深め、表現する方法も育んでほしいと願います。子どもが読書感想文を書き、もしコンクールで賞を取ったとしたら親としてはとても誇らしいことでしょう。また読書も勉強と同じと考えて成果が欲しくなり、「読書して子どもの学力がどのくらい伸びたのか」ということを知りたくなるのです。しかしその期待が過度になると、子どもが本来の本の楽しみを見失ってしまうことがあります。

感想文を書くには、まず文章を読む力、そして内容を感じ考える力、最後に自分の考えをまとめて文字で書く力が必要です。ところが**読むことと、書くことには実は正**

反対の性質があります。読むというのは、情報を入れることですが、書くというのは、情報を発信することです。**子どもによっては、文章は読めても、文章を書くのは大変な作業になることがあります。**読書感想文コンクールがあれば、つい大人は子どもが本を読んだときに感想文まで書かせようとして、本人の能力にかかわらず書く力まで求めてしまいます。もし文章を書くのが苦手な子どもであれば、感想文は苦痛そのものであり、読書自体も嫌いになってしまうのです。

読書を映画鑑賞に置き換えると分かりやすいでしょう。子どもと一緒に映画を見に行って、もしその映画について感想文を書かせたり、どれくらい内容を理解したかをテストしたりすれば、子どもはリラックスして映画を見ることができず、もう一緒に行くのを嫌がるでしょう。それよりも「おもしろい映画だったね。また見に行こうね」と言うほうが普通ですし映画を見に行く本来の目的でもあります。読書も同様に考えてみれば、「そんなに面白い話だったんだ。私も読んでみようかな」「面白い本がないか一緒に図書館で探そう」というように、大人も子どもと一緒に読書を楽しみたい、といった気持ちをもつのが自然ではないでしょうか。**読書は勉強のためや知識を**

広げるためでなく、単に〝楽しいから〟が本来の目的でよいのです。子どもが「この本おもしろいから、読んでみて」と他の子どもに勧める、これが一番すばらしい読書の感想かもしれません。

†焦らせない

授業中に「できた人から前に持ってきなさい」と先生から指示が出されることがあります。そう言われると、たいてい子どもはスピードにこだわります。早く前に行き、丸をもらう子どもは勉強ができそうに見えますが、いつも最後のほうで、しかもなかなか丸のもらえない子どもはそうは見えません。

勉強が苦手な子どもにとっては、周囲から自分がどう見られているか気になっていつも不安を感じています。そして苦手なことがばれないように気を遣っています。周りがどんどん丸をもらう中、自分だけが持って行けないととても焦りますし、焦ると余計に頭が回らず問題に取り組めません。できていないことが周囲にばれないようにすることで頭の中がいっぱいになります。そんなことが続けば授業中はいつも不安で、どんな問題が出されても最初から諦《あきら》めてしまい、問題に取り組まなくなってしまうでしょう。子どもは比較されることを嫌がります。**競わせるやり方は、勉強が苦手な子どもの見通しを奪う最たるものの一つだと思います。**

同様なことは私にも経験があります。高校時代に物理の先生は、授業の最後に問題を出して、できた生徒から前にもってこさせ、丸がついたら昼休みに入っていいということをしていました。早く終えた同級生たちが弁当を食べ始めるのを見て、私は焦って冷静に考えられなくなり、やる気が失せました。決して物理が嫌いでサボっていたわけではありません。焦らされると普段は解ける問題でも思考がストップしてしまい、将来理系に進もうと思っていた自分に対して見通しがもてなくなり、物理に恐怖を感じるようになったのです。幸いにも予備校に入って物理のいい先生に出会えてからは物理が好きになり、受験科目では最も得意な科目になりました。あの高校時代の物理の教師は一体何のために皆と競争させたのでしょうか。明らかに不毛な指導法だったと今でも思います。

さらに大人は、子どもに少しでも速く解けるよう、つい時間を測ってみたくなります。これは試験がある以上、仕方がないことで、入試では、どうしても入学できる人数を決めなければいけません。その選別をはっきりさせるために、時間内では終われないような問題をたくさん出して、スピードを競わせ、順位を出しやすくしているのですが、しかしそれは学習本来の目的からするとずれています。たとえば数学の問題が速く解けるというのと数学の力があるのは実は別のことです。数学には本来「解く時間」を短くするという目的や、「速さ」を競争させる内容はありません。もともと数学はいくらでも時間を使って解いてもよい学問です。文部科学省の学習指導要領や教科書にも速く解くようなねらいはないでしょう。

しかし実際は試験があるため素速く解く必要があるのですが、速く解くには数学の力とは違った処理能力が必要です。もし子どもの処理速度が遅いと、違う力を求められてしまい数学自体の勉強も嫌になってしまう可能性があります。さらに**解くことですら大変な子どもでは、「速さ」まで求められてしまうと、全くやる気をなくしてしまう可能性も高いでしょう。**

また勉強が苦手でなくても、時間をかけてじっくりやるタイプの子どももいます。一つの問題にしても解き方は何通りかある場合があります。時間はかかるが、この方法でやったほうがいい、他にも違ったやり方があるのでは、といったことを考えることが好きな子どももいます。そういった子どもに急いでやらせると周囲を気にしてとにかく答えだけを求めるようになり、解く過程が疎《おろそ》かになる、違った考え方をしなくなる、などにも繋がりかねません。これは焦って解くのを嫌い、自分のペースで解きたいと感じる子どもを勉強嫌いにさせている一因でもあるのです。

でも集団指導ではどうしても速い子と遅い子が存在し、それぞれの対応をしなければいけません。そこで最初から速くできない場合には、子どもに目標時間を設定してもらうのがいいでしょう。そして時間を計って目標時間に最も近くなるよう解いてもらいます。終わって、目標時間から大きくずれていたら、どうしてなのか、次からは目標時間をどうするかなどを考えてもらいます。こうすることで自分の能力を客観的に見ることもできます。もし同じような計算問題でしたら、それまでの最高タイムを

START
ON
OFF
STOP
TIME

記録してその時間より少し短めを目標時間と設定してもいいでしょう。これだと集団で同じ問題をさせた際、解くのが速い子、遅い子がいても自分の目標時間に近い子どもをほめることで、遅い子への配慮が可能です。

もし、できた子どもから提出させることにしたとしても、ある時間がくれば答えを黒板に提示するなどして、各自のペースに合った取り組みをさせる工夫ができます。そういった工夫があれば早く前に持って行けなくても、周囲とは関係なく自分の課題として安心して受け止めることができます。その間、先生が各机を回るなどして子どもの進捗度《しんちょくど》を確認します。もし全員に前に持って来させることにこだわるのであれば、全員がすぐに解けるような簡単な問題にしてあげるほうが意欲は高まります。勉強が苦手な子どもにとっても周りの目を気にせず、安心して見通しをもって授業に取り組める環境になるはずです。

†身体を使う

子どもの頃、算数の計算に取り組む際、最初は指を使って数えることが許されていたのに、いつの間にか暗算が求められるようになった経験はないでしょうか。大人としては、子どもに簡単な計算問題くらいは指を使わず暗算でできるようになってほしいと願います。しかし計算が苦手な子どもは、まだ数概念が十分に発達していない可能性があります。例えば足し算ができる過程において、最初に子どもは両指を使って被加数・加数の双方を指で示した後に、1から数えて答えを出していきます。その後、いくつかの方法を経たのち、最終的には指に頼らず抽象的な数の計算ができるようになります。そのため、まだ指を使って数えている段階の子どもに対しては、しっかり指を使わせて数概念の発達につなげていく必要があります。もしそこで周囲の大人が焦るあまり指を使うことをやめさせれば、その先に進めず、子どもは計算でいつまでもつまずいたままになってしまう可能性があります。

人は表現するとき、あるいは理解しようとするときに身体を使うことがよくあります。新しい漢字を覚えるときに指でなぞって空に書きますし、物理ではフレミングの右手の法則、左手の法則など、手を使うことを前提に理解したり使用したりする法則もあります。計算だけは指を使ってはいけないという根拠はありません。**身体を使う**

ことで、数概念の発達が進み、より理解が深まります。大人でも普段からよく指を使って数を数えたり、計算したりすることがあります。例えば会場に座っている人を数えるとき、絶対に間違ってはいけない大事な足し算をするとき、焦っているときほど指を使います。

子どもは学ぶ過程にあり、勉強に余裕がないことが多いのでとても不安で、いつも指を使いたい状況だと考えてあげましょう。指でなくてもブロックや色板で数えさせる方法を使ってもいいでしょう。他にも数を正確に数える練習、例えば「15個の飴《あめ》から7個を友だちにあげる」、「後ろから8番目は誰？」といった頭の中でイメージさせる練習などを組み合わせていくと効果的です。困ったときはいつでも原点に戻らせていいのです。

ところで日本の学校教育でなぜこれほど計算問題が重視されるかというと、一つに試験での公平な評価や成績の振り分けに計算問題が適していることがあります。1000人の受験者から100人を合格させる必要がある入試では、たとえ全員が8割の点数を取ったとしても900人を不合格にしなければなりません。そのような場合、採点者による基準のばらつきを避ける必要がありますが計算問題は1点、2点といった細かい採点基準を設定しやすく、成績の振り分けにも適しているのです。例えば各都道府県の公立高校の受験者数は、都市部で3万人、地方でも1万人近くで、かつ高校や学科によって合格最低点を変えるため、どうしても細かな差のつく問題が必要なのです。対照的に、国語の感想文や作文があまりテストに出題されないのは、公平な評価基準の設定や採点が困難だからです。

✝無理に興味をもたせようとしない

大人が、あることを子どもに興味を持たせてあわよくば成績につなげようと考えることはよくあることです。例えば歴史が好きな父親または母親が、子どもにも歴史に興味をもってもらおうと、お城に連れて行ったり、一緒に歴史ドラマを観たり、歴史漫画を買い与えたりすることがあります。しかし、その結果、子どもが逆に歴史に対して嫌悪感を抱いてしまうこともあります。**学習の基本は「読む」→「理解する」→**

「書く」という流れです。歴史上のどんなにすばらしい人物の話であっても、読む力がなければ理解できませんし、体験や活動をしてもその知識を吸収する力、書いてまとめる力がなければ知識として定着しないでしょう。もし子どもが、国語が苦手であれば、歴史のような読み物は苦痛であり、それを勧められたことで余計に歴史が嫌いになるでしょう。歴史に限らず社会科には地理もあります。地理では帯グラフ・折れ線グラフ、百分率で表された資料などを読み取る力も必要であり、子どもが、算数が苦手であればその理解も難しくなり、見通しがもてず社会科全体へのやる気など出てこないでしょう。

もし子どもが国語や算数が苦手であれば、歴史や地理に興味を持たせるよりも、まず国語や算数の力を伸ばすことに力を注いであげましょう。そもそも社会科の教科書を読み取る力はすべての子どもが同じではありません。国語の力が高い子どもとそうではない子どもでは、同じ教科書の内容を教えても理解度や学力の差に開きが出ます。資料には難しい漢字も語句もたくさん出てきます。また算数の力を伸ばすことで、社会科で学ぶ出来事を論理的に理解する力もついてきます。「外国から安い品物が輸入される」→「国内でそれらを作る仕事が減る」→「仕事が減ればお金も減る」→「その品物に関税をかける」等は教科書に出てきますが、論理的に考える力が弱ければなかなか理解できなかったりするのです。

難関中学校の入学試験では社会科がないところがあります。それは社会が重要ではないということではなく、小学生レベルで社会の事象について深く理解したり、表現したりする問題を作るのが困難だからです。4教科のテストでは同じ百点満点ですが、学校で社会科を学習する時間は国語・算数よりも少ないです。社会科の理解が国語力や算数の論理性などのもとに成り立っているのがその所以です。

†万遍なくできることを望まない

理科という科目もある意味特殊です。理科といえば電気や試験管などが思い浮かぶかもしれません。もちろんこれらは理科に含まれますが、小・中学校では「理科」という教科のなかに物理・化学・地学・生物の四つが入っており、それらを全て均等に学ぶことになっています。**内容によって好き嫌いや得意・不得意があるのは当然で、そこを考慮せず均等に興味をもたせようとすると見通しがもてずやる気を失うことにつながってしまうことがあります。**

大人は子どもがある教科のなかに好き嫌いがあるととても不安に感じ、万遍《まんべん》なくできてほしいと望みます。しかしなかなかそうはいきません。体育が好きな子どもでも、体育には水泳、鉄棒、球技、跳び箱、マット運動などがあり、体育自体は好きでもマット運動は苦手かもしれません。数学は全体的に得意ではないけれど図形だけは好きだ、ということもあります。それぞれ子どもにとって得意・不得意が異なります。

理科も同じです。物理が得意な子どもでも、地学や生物は苦手というケースがあります。さらに理科は実験や観察など実体験を通さないと興味をもつことが困難な教科ですので、そもそも理科の全範囲に興味がもてることはあまり期待しないほうがいいでしょう。理科が嫌い、苦手という子どもに対して、どの分野が苦手なのか、逆に好きな分野や比較的抵抗のない分野などを聞いてみるといいでしょう。何か一つでも好きな分野や興味ある分野、比較的抵抗のない分野があれば当面はそこを中心に勉強してみるのが、効果があるかもしれません。ただ興味があるから点数が取れるはずだなどと期待せず、その分、数学や国語などの他の教科の勉強に力を入れるなどして、子どものペースを見ていきましょう。

物理・化学・地学・生物全ての分野が人生に必要な人はほとんどいません。ではどうして、理科や社会科に限らず義務教育全般において、すべての分野を扱う必要があるのでしょうか。それは必要がなくてもすべての分野を教えることが、日本の教育制度の公平さであり、優れたところなのです。国民の全ての人が学べる機会を公平に与えられているのです。ですので、**個々人によって苦手な分野が生じるのはどうしても仕方ないことであって、そんな場合でも焦らず、とりあえずは好きな分野だけに集中して学んでもらうのがいいでしょう。**

†「書く」ことの難しさを知る

文章を読んだり、文章を書いたりといった読み書き行為は、学習の基盤で欠かせない重要なものです。しかしそのレベルで難しく感じる子どももいて、特に書くことに対して抵抗を覚える子どもは少なくありません。また理科の話になりますが、理科の授業の実験で、ある子が楽しそうに実験に取り組んでいたとします。でも先生が「実験の結果をノートにまとめましょう」と指示すると、その子は「楽しかった」としか書かないことがあります。

理科は嫌いだけど実験は好きと答える子どもは意外と多いです。先生の授業を聞くよりも、身体を使って実験器具に触れ、科学や生物などの様々な事象を体験できるからです。一方で「実験は面倒で嫌い」と言う子どももいます。その原因の一つに実験の後、実験・観察結果をまとめさせる作業があることがあります。

教師としては、理科の実験をした後に分かったことをノートにまとめさせることで、知識を整理させたり定着させたりしたいという思いがあります。でも実験・観察をして理解したり体験したりすることと、文章でまとめることは別のことです。文章を書くことが苦手な子どもにとっては、実験・観察したことを文字で表すことはとても苦痛な作業です。

たとえば「虹は7色」といいますが、言語や文化で表現や色の数はバラバラです。

日本でも時代や地方によっても違います。文化によって自然の捉え方が違うのです。自然そのものに言葉や式をあてはめて理解していく作業は理科の目的の一つですが、言葉の使い方が苦手な子どもにとってはとても困難で、理科嫌いにさせる要因の一つにもなってしまうのです。文章が書けないから理科への見通しがもてないのです。

そういった子には実験を体験することと、結果をまとめることは別の学習と考えて指導するほうがいいでしょう。例として、結果をまとめた文章を作っておき、大切な結果のところだけ選択肢で選ばせる、文章にまとめる際にはヒントになる言葉（例えば「空気・光・温度・大きくなる・ふくらむ・しぼむ」など）をあらかじめ提示しておく、観察したことを絵や図で表す場合は、既に描いたものに追記させるだけにする、といった工夫が効果的かもしれません。**まずは実験の楽しさを味わってもらうことを一番に考えましょう。実験・観察結果をまとめさせることで、国語力である「まとめる力」もつけさせようとはしないことです。**

第二章

子どもの〝目的〟を支えるために

1　子どもへの歪んだ見方を正す

†勉強嫌いなのは、勉強が苦手だからではない

ここからは子どもの目的を支えるために、大人として子どもたちをどう見ていけばいいのかについて考えていきたいと思います。以下では、大人がもつ子どもへの固定観念や思い込みが、子どもの見方を歪《ゆが》めてしまうケースについて紹介していきます。

大人は、勉強が苦手な子を見ると、きっと勉強が好きではないのだろうなと感じてしまいます。「好きこそものの上手なれ」という言葉があるように、好きでないから成績が伸びないのだ、だから子どもが勉強を好きになればできるようになるはずだ、と思い込みます。そして、〝やればできる〟といった達成感をもたせてあげれば勉強

も好きになるだろうと考え、あの手この手を使って、達成感を持たせようとします。授業中に大勢の子どもが競って手を挙げ、いかにもみんな勉強が楽しいと思わせている写真をたまに見かけます。こんな子どもたち、実際にはいないのでは、と思いながら、一方で「そうであってほしい」という教師たちの理想も感じます。授業参観でも、授業中に積極的に手を挙げる子は勉強が好きで成績もいい。挙げない子は勉強があまり好きでなく成績もよくないのだろう。私たち大人はそんな思いで子どもたちを見てしまっているかもしれません。

果たして子どもたちの側はどうなのでしょう。**子どもが勉強よりも嫌なこと、怖いことの一つに〝孤立〟があります。**勉強の苦手な子どもでも学校で椅子に座っているのは、一緒に勉強している友だちがそばにいる、先生に構ってほしい、といった理由があるからと考えられます。勉強が苦手な子どもにとって勉強は決して楽なことではありません。しかし**そばで誰かが一緒に取り組んでくれれば、楽しんで取り組めたり、勉強自体は好きだったりする場合もあるのです。**おそらく「勉強が苦手＝勉強嫌い」は正しくないと感じます。一方で、勉強ができる子でも、見守られているという安心感がなければ勉強に集中できず勉強嫌いになることもあります。

勉強が嫌いよりは好きなほうがいいに決まっています。ですので特に小学校低学年のうちは、一緒に勉強を見てあげたほうがよいでしょう。時間的にずっと見守ることが難しい場合は、やり終えたら目を通してあげて声かけをしたり、「よくできました」とサインを書いたりするだけでもいいでしょう。リビングなど、自分の学習机以外で勉強をしたがる場合は、特に安心感を求めていると考えられます。そのような場合には、リビングのテーブルや食卓など、一人にならないような場所で勉強させてあげましょう。中学生以上になると親から勉強を教えてもらうことはあまり求めていません。勉強はどんどん難しくなってきます。そういった困難なことに取り組んでいることを励ましてもらったり、しんどい気持ちに寄り添ってくれたりすることを望んでいます。たとえそばにいなくても、そういう状況であることを理解してあげましょう。

たいていの子どもには学問の楽しさを味わいたいから勉強するというような動機はありません。叱《しか》られたくない、親や先生からほめられたい、友人に負けたくない、と

いった動機が先にきます。これは中学生になっても同じです。他の家では勉強が大変な時、親が一緒に取り組んでくれるのに、自分の家では誰も見てくれないといった寂しさや悲しさを感じると、一緒にいてくれる人が欲しくて家から飛び出して友だちに会いに行くこともあるのです。勉強が好きになるためにも孤立させない配慮を心がけましょう。

†話を聞いてあげたつもりになっていないか

これはみなさんにもよくあり、「あ、私のことだ」と思い当たるケースも多いかと思います。たとえば子どもが学校での嫌な出来事を話している場面で、親としては最初に同意して「それは辛《つら》かったね」などと共感の言葉を発し、いったんは子どもの気持ちを受け止めるのですが、でもその後すぐに決まって「でもね。それはあなたにも問題があるのでは？」などつい自分の意見を言ってしまうのです。子どもを支援する上で「子どもの話をよく聞いてあげる」というのはよく言われていることですが、**実は、大人は子どもの話を聞いてあげているつもりでも、つい説教したり、叱ったり、**

自分の考えを押し付けたりしてしまい、本当の意味で聞いてあげていないことも多いのです。

その結果、子どもは聞いてもらって元気をもらうどころか、話したことを後悔し、逆に心を閉ざしてしまうことにもつながります。子どもは意見を求めているのではありません。子どもは、アドバイスでなく自分の感情を理解し寄り添ってもらえることを欲しているのです。もちろん子どもの話には自分勝手であったり、未熟な内容に聞こえたりすることが多々あり、大人としてはどうしても「でもね、それは……」と言いたくなる気持ちがあります。しかしそこはあえてその気持ちを抑えて、すぐには自分の考えやアドバイスを伝えないでおきましょう。

そもそも子どもが話してくれること自体に意味がありますので、子どもの話の内容が正しいか間違っているかでなく、なぜそのことを大人に話そうとしたのかを考えてみることをお勧《すす》めします。ほとんどの場合、アドバイスよりも分かってくれる人がいるということだけで十分なことがお分かりかと思います。話の後に、もし子どもが「お母さん（お父さん）はどう思う?」と聞いてきた場合に、子どものペースに合わせながら少しずつ親の考えも伝えていけばいいでしょう。

ところで、子どもの話を聞くときに、ただ単に聞いていればいいというわけではないことに注意しましょう。ときどき相槌《あいづち》や頷《うなず》きを入れる、相手の発言を繰り返してみる、分かりにくいところは少し質問して詳しく聞いてみるなど、「しっかり聞いているよ」というサインを出してあげましょう。その他、身体の向きを子どもに向ける、視線を合わせる、身を乗り出す、家事などをいったんやめるといった姿勢も、ちゃんと聞いているという大切なサインです。とにかく子どもの話を聞くときは、自分の考えや意見を言ったりしないで、聞くだけで止めて、「安心して聞いてもらえる」と感じさせる環境を作ってあげましょう。

†子どもを評価していないか

ある子どもが、苦手な算数のテストでいい点数を取ったとき、親から「実は天才なんじゃない?」と言われることがあります。親からすると最大限のほめ言葉かもしれません。でも、子どもにすれば、偶然良い点が取れただけだったとしたら、次回も同じように期待されることが、大きな負担になる可能性があります。過剰にほめすぎると嬉《うれ》しいというよりも、逆に不安を感じ、次回のテストに対するプレッシャーを強く感じてしまうのです。次に親の期待に応《こた》えられなかったときに、失望されるのではないかという不安が、子どもの心に重くのしかかり、勉強に対する意欲を失わせてしまうことがあります。

親は自分の子どものちょっとしたことでも、何か素晴らしい才能があるのではと期待したりします。そこで子どもがテストで少しいい点数を取ると「もっといける！」と思って、つい「天才かも」といったような言葉をかけてほめようとしますが、実はそういった言葉は子どもを評価し子どもに期待しているのです。しかし、**子どもにとっては、そういった評価や期待が今後も求められ、もし次ができなければ親からはとても残念がられると予想できてしまいます。**もしその子が親の顔色をうかがいながら生活しなければいけないような性格の子であれば、その不安はいっそう強いものになるでしょう。**テストでいい点数を取ることももちろん大切ですが、子どもにとってもっと大切なのは安心して学べる環境があることです。**テストの点数で親が一喜一憂するのではなく、子どもが自分の能力に見合った結果を出すことができ、それを適切に認めてもらえる環境が必要でしょう。

「天才かも」という言葉に限らず、大人からの一方的な評価や期待（子どもがいい点数を取ったからほめる、もっとやればできるはずだ、と絶えず頑張らせようとするなど）は子どもを萎縮《いしゅく》させてしまいます。**子どもが求めているのは親からの評価以上に、一緒に喜んでくれたり悔しがってくれたりすることです。**結果を一緒に分かち合い、いい点数で子どもも嬉しいなら親も嬉しいという気持ちを共有し、よくない点数なら一緒に受けとめる、そういった安心できる場を作っていきましょう。

逆にテストの結果がよくなかったとき、「結果よりもその努力や過程を評価してあげましょう」という指導法もよく聞かれます。ただ、これも場合によっては安心した学びの環境作りには適さないこともあります。評価することで「努力しない子」「努力できない子」は駄目だ、価値がない、というレッテルを貼ることにもなりかねません。いずれにしても子どもをほめて頑張らせようとすることは、万が一、その意図が叶《かな》わないと、子どもを否定することに繋がってしまうのです。

†「うん」──そのまま信じるな

「大丈夫？」「やってみる？」という言葉は、相手の気持ちを確かめる際によく使われる言葉です。しかし、その言葉の相手が自分の気持ちをうまく伝えられない子どもの場合、その**子どもは「大丈夫？」「やってみる？」という問いに対して反射的に「うん」と答えてしまうことがあります。**

子どもの気持ちを確かめたり、子どもに何か心配なことがある場合に大人が子どもに声をかけ注意を向けたりすることは大切なことです。しかしそういった声かけの中には子どもの返答の仕方を限定してしまうものもあります。子どもの中には「大丈夫？」という言葉に「うん」としか言えない子がいます。そこでいったん「うん」と答えてしまうと大人はそれで子どもを理解したつもりになり、安心して子どもから離れてしまいます。子どもが、お腹が痛くて大丈夫でないのに「大丈夫？」と聞かれても「うん」としか答えられなかった場合、子どもはそのままずっと我慢しなければなりません。でも後になって大人から「あのときどうして言わなかったの？」と逆に責められたりして、いっそう子どもを追い詰めてしまうことにも繋がります。

また何か新しいことのチャレンジについて「やってみる？」と大人から聞かれ「うん」と答えた場合、大人は子どもがやると言ったのだから、やる気があるんだ、と受け取ります。ところが往々にして子どもはその期待に従わないことも多いです。そんな中、もし子どもが途中で止めたりサボったりすると、子どもが嘘《うそ》をついたと感じ「自分からやるって言っただろう？」と大人には怒りが沸いてきます。**勉強で、「分かりましたか？」という問いに「うん」と子どもが答えてしまうのも同様です。**実際にやらせてみてできないと「さっき分かったって言ったでしょ？」と責めてしまいがちです。「分からない」と正直に言うのは、大人でもなかなかできないはずなのですが。

子どもが「うん」「分かった」と言うときは要注意で、額面通りに受け取るのではなく本心からそうなのか気にかけてあげましょう。実は大人の機嫌を取ろうとしただけで、本当はやりたくないのかもしれない、しんどいかもしれない、分かっていないのかもしれない、ということを前提に問いかけたほうがいいでしょう。ここでは「本当はやるのは不安ではない？」「お腹を押さえているけど、しんどいのでしょう？」「少し説明が難しくて分かりにくかったでしょう？」といった問いかけがよさそうです。やはりここで子どもが「うん」と言えば、無理をしていたことや、しんどさを表現できます。たとえその時に子どもが「大丈夫」と言っても、時間をおいて再度聞いてあげましょう。大人は子どもの〝代弁者〟でもあるのです。

†誰とでも仲良くしなきゃ？

「みんなと仲良くしましょう」「誰とでも仲良くしましょう」という言葉は、昔からよく耳にする教えです。子どもが「○○くん（ちゃん）とは遊びたくない」など、特定の友だちと遊ぶことを嫌がる場合、親にとっては子どもが誰とでも仲良く遊べるようになってほしい、苦手な相手でも仲間外れにしてはいけないという気持ちもあると思います。しかし、子どもが思春期に近づくにつれてそれまで仲良しだった友だちと次第に離れていくことがあります。相手のことが嫌になるというより、相手を理解して自分と価値観が共有できるかなどを見極め、より自分に合った友だちを探していく成長過程にあります。子どもが付き合う相手を選ぶというのは、成長した証拠とも言えるのです。「誰とでも仲良くしないといけない」と言われると、相性の合わない友だちとも我慢して付き合うことを強いられ、そもそも友だちと遊ぶことが憂鬱《ゆううつ》になってしまうのです。

「○○君と遊びたくない」というのは、実は子どもにとって「○○君からいじめを受けている」というサインであったりします。親にはいじめられているとはなかなか言えないため、子どもは「○○君と遊びたくない」と精いっぱいのサインを送っているのかもしれません。「誰とでも仲良くしなさい」という言葉で、いじめに遭《あ》っていても相手から逃げられなくなったり、大人に言えなくなったりするおそれもあります。

親としてはどうしてその友だちと遊ぶのが嫌なのか、子どもの言い分を聞いてあげましょう。子どもはどんな気持ちでいるのでしょうか。どうしてその友だちと遊ぶ気がしないのか、相性がよくないのかを子ども自身が話すことで気持ちの整理ができます。その上で、人はみんな性格が違う、いろんな価値観をもった人がいる、いろんな家族背景をもった人がいる、といったことを子どもに伝えてみましょう。あとは子どもの判断に任せ、決して無理強いしないことです。それよりもむしろ、どのような相手にも基本的な挨拶《あいさつ》（おはよう、ありがとう、など）はできるよう大人が率先して手本を見せてあげましょう。

一方で、自分に都合のいい相手とだけ付き合う、相手に少しでも嫌なところがあると相手を理解しようとせず避ける、というのはあまり好ましくありません。そこはゆっくり時間をかけて話し合ってみましょう。

†じっと座っていることは大切？

保護者から家庭で学習が長続きしないことで相談を受けることがあります。家で学習しているときにそわそわしたり、やり続けられないことの相談です。「じっと座って勉強するのが苦手です」「どうしたら集中力が高まりますか」という内容です。でも、そもそも子どもがあることに集中し続けることはどの程度可能なのでしょうか。

人間はかつてより、周囲の環境変化や危険に即座に対応できることが生存において重要であり、一つのことに集中しすぎると、かえって外敵からの危険にさらされる可能性がありました。何が起こるか分からない現今、むしろ同じことをやり続ける力よりも、突然起こる危険なことや環境の変化にすぐに対応できるほうが有利なことも多いでしょう。これは子どもにも言えると思います。子どもの周りには危険なことがいっぱいあります。自分が何も悪くないのに突然同級生から物が投げられてきたり、歩いていたらぶつかられたりすることもしょっちゅうあります。友だち関係でもいじめられたり、仲間外れにされたりしないか常に周りに気を配らなければなりません。つまり**一つのことに「じっと集中する」よりも、周囲に注意を払うことのほうが安全なこともあるのです。**

私たちの身体をみてみましょう。身体は左右非対称にできています。腎臓を除いて、心臓や肝臓、膵臓《すいぞう》、脾臓《ひぞう》は一つですし、肺は左右にありますが、肺葉《はいよう》の数は異なります。手足の長さも微妙に異なりますし、利き腕や利き目もあります。身体が非対称ということからそもそも同じ姿勢を保つことは難しいのかもしれません。座ったまま寝てしまうと左右どちらかに偏っていくことも多いですし、睡眠時、人はベッドの上で、一晩で何度も寝返りします。逆に数時間同じ体勢で寝ていると血流が滞り、褥瘡《じょくそう》ができることもあります。

子どもが勉強中に貧乏ゆすりなどして体を揺するなどの動きを見せると、つい集中していないのではと考えがちですが、近年の研究では、体を動かすことで脳を刺激する物質が分泌されることもわかってきました。ピアニストも体を揺らしながら演奏しますし、じっとしているとき思いつかなかったのにウォーキングをするとアイデアが閃《ひらめ》くこともよくあります。

そう考えますと「じっと座って集中する」は必ずしも自然な状態とは言えないかもしれません。効果的な学習には適度な休憩や気分転換が大切ですので、**子どもたちの学習においては、じっと座っていられる時間を延ばすことではなく、効果的な休憩の取り方や、個々の特性に合った学習リズムを見つけることのほうが重要でしょう。**

「ゲームだと何時間もできる」「ネットだと何時間もできる」という話をよく耳にします。これは、ゲームもネットも次々に画面が変わったり、音声が変わったりするため、同じ作業を続けている感覚がないからです。学習も同じ考え方が当てはまります。国語をやったら算数をやったり、理科や社会科を組み合わせたりするなど短く区切って場面を変えていく方法や、同じ国語の時間でも漢字練習をしたり、音読をしたり、日記を書いたりするなど変化をつけることで、長時間の学習でも同じことをしていないような感覚で集中して取り組むことができるのです。

ところで、「じっと座っていられないとテストの時に困るのでは？」と疑問を持たれる方も多いかもしれません。でもテストは、これまでの学習の積み重ねと現時点での実力を見るもので、じっと集中できた時間を評価するものではありません。極端な話、他のことを考えながらでも、寝転びながらでも問題が解ければよいのです。また20分取り組んで5分休むというように学習と休憩を繰り返しても、点数さえ取れればよいのです。ですので、じっと座っていられないことに過度に不安になる必要はないかと考えます。

†計算問題と文章題の捉え方

保護者から「この子は、計算はできるが文章題が苦手」ということはよく言われます。算数や数学のテストでは学年が上がるにつれ文章題の得点比率も増えてきます。いくら計算だけできても、やはり文章題ができないと不安をもたれるでしょう。

子どもが文章問題を読んでもどのような場面なのかをイメージできず、何が分かっていて何が分からないのか、何を問われているのかが明確に理解できないといった場合、やはり国語力不足が背景にあるでしょう。学校の授業でも教師は子どもたちに、**文章題はノートに書かせたり、読ませたりして場面を理解させることに時間をかけて、どちらかといえば、算数よりも国語の時間に近いことをやっています。**国語力を伸ばすことが文章題攻略の近道のようです。とはいっても国語力をつけるのもなかなか難しく、その場合は、算数の文章題を読み解くことに固執するのではなく、先に設問を読む方法もあります。文章問題のつながりを確認できるからです。設問を見てから文章問題を読むと、問われていることがより明確になりやすく、それから再度文章を読んでみるといいかもしれません。
ただ、時々思うのですが「**計算はできるが文章題が苦手**」という表現を裏返せば、「**文章題はできないが計算はできる**」ということであり、**計算ができること自体は素晴らしい力だと考えます**。文章題の文章自体が長いのは主に小中学校の時期くらいで、大学受験になると逆に文章は簡潔になります。レベルが極端ではありますが、京都大学では「tan1°は有理数か？」(2006年)、東京大学では「円周率が3.05より大きいことを証明せよ」(2003年)といった文章の簡潔な問題が出題されました。これらは証明問題ですが、解答例をみますと計算ができないと解けない問題でもあります。ですので見方によれば、文章題が苦手だとしても計算がとても得意であれば生かせる場所もあるかと思います。

逆に計算問題ができないことについて、個々の事情は異なりますが、実は、数学者でも計算が苦手な方も少なくないようです。数学者の本質的な仕事は、既に答えが分かっていることを計算することではなく、むしろ答えの分からないことや、無限、図形といった計算では表現できない対象を研究することにありますし、高度な計算になればなるほど、間違いを避けるために計算機を多用したほうが効率的でしょう。日本珠算連盟のホームページ（https://www.shuzan.jp/kentei/dani/）などを見ますと段位認定試験では、300点満点で初段では100点、六段では200点が合格基準です。つまり、六段という達人級でも3分の1を間違えても合格できるのです。このことからも、必ずしも完璧な計算力がなくても、数学者になったり計算の達人として認められることが分かります。

今では、スマートフォン決済やICT機器の発達により、計算が苦手でも日常生活に支障をきたすことは少ないでしょう。とはいえ、計算ができたほうが便利なのは確かです。対処方法として、答えを先に確認してからそこにたどり着くという方法があります。教師の多くも、算数の授業で計算を間違えて黒板に書かないよう教科書の解答を見ながら自分の解き方を確認しています。

ところで、なぜ算数や数学で文章題が作られるのでしょうか。その理由の一つに、試験で難易度を調整する必要性が挙げられます。日常生活では簡単な計算ができれば十分なことがほとんどですが、試験における計算問題だけでは難易度を調整しにくいのです。高校受験では中学校までの範囲でしか出題できません。だからといって中学で習う計算問題だけで難易度を調整できる問題を作ろうとすると、あまり意味のない複雑な計算問題を作るしかなくなります。一方、文章題は文章を複雑にすることで難易度が比較的容易に調整でき、能力を比較しやすくなります。また試験問題の傾向と対策を立てにくくするために、問題に文章を多くして複雑にするという方法が用いられることも考えられます。

†黒板の文字が写せない、漢字が覚えられないと駄目?

「黒板の文字が写せない」、「漢字が覚えられない」というのも、子どもたちの学習に関わることとしてよく相談に上がります。一般的には子どもの能力的な問題とも言われていますが、それ以外にも環境の変化や「文字を書くこと」が評価されなくなってきたことも一因だと考えます。ここでは環境の変化と書くことの評価について考えたいと思います。

まず子どもたちを取り巻く環境の変化についてですが、文化庁から「(とめ・はね・はらいにこだわらず)その字であるとわかれば、誤りにしない」という漢字の指針が出されました。テストでも、以前は誤りだった書き方が最近は正解になることが多くなってきました。印刷された字の形と手で書いた漢字が大きく違うこともあり、どれが正しいのか分かりにくくなってきています。また最近はパソコンやスマホがあれば、漢字は自動変換されますから、漢字を書く機会も減り、漢字の読み書きができなくてもそれほど困らないことも増えてきました。

また国語の教科書は、上から下に文字が書かれています。国語の時間、黒板の字をノートに写すのは、頭を上げて黒板の字を上下に見て覚えて、それから手元のノートを見て、上から下に向かって書くことになります。一方で外来語の言葉が増えて、横書き文化が急速に浸透しました。デジタル機器では左から右への文字配置が主流ですし、A4の縦向き用紙が多く使われ、そこでも横書きがほとんどです。人間の眼も上下より左右に動かすことに慣れ、上下の読み書きが基本である黒板の板書や漢字の習得が困難になってきているのかもしれません。

次に、文字を書くことの評価に関する事情です。教師は自分の授業を評価されます。保護者の授業参観だけでなく、管理職の授業参観、教育委員会の授業参観、学力テスト、研究授業、研究公開授業などがあります。授業を見ている側からは、最新のICT機器を使ったり、子どもたちがたくさん発表したり、意見交換をしたりする授業のほうが評価されやすいのです。そのようにしないと自治体の議会で教育予算が付きにくいことにも関係があります。一方で、黒板の文字を写したり、漢字を書ける指導をしたりすることは教師の授業評価にはほとんど入っていません。それよりも子どもや保護者から「〇〇先生の授業は、楽しい」「△△先生の授業は、道具を使って授業をしてくれる」といったように言ってもらえるほうが評価されやすいでしょう。華やかなほうが評価されやすいのです。

つまり教師にとって地道に文字を書く指導や授業は評価されにくいのです。国語でも、書写の時間が週に1時間ほどありますが、これは、ひたすら硬筆や毛筆で字を書く時間で、教科書を読む時間ではありません。この時間に何らかの参観などが行われたとは聞いたことがありません。参観する側の評価軸にないからでしょう。

とはいえ、世の中の仕事のほとんどは、文字を正しく読んだり書いたりすることが必要です。サッカー選手であれ、プロ野球選手であれ、契約書があります。代理人を通すとしてもチームからの要望を正しく読み取り、自分がしたいこと、できないことを契約書で確認しなければなりません。また会社員、公務員、自営業、医師、弁護士など世の中のほとんどの仕事は、書類を読み、文章を書く力が求められます。子どもたちに人気のゲーム関係の仕事にしても企画書を書く力が求められます。つまり、**文章を正しく読んだり、書いたりすることは学校を卒業した後のほうがずっと重要になってくる**のです。黒板の文字が写せない、漢字が覚えられないという子たちにはなおさら環境の変化や教師の事情に惑わされることのないサポートが必要と感じます。

†ミス・失敗をどう考えるか?

「うちの子はミスが多い」そう嘆く保護者は少なくないでしょう。子どもたちの日常のミスや失敗を考えますと、「数え間違いや計算間違いが多い」「写し間違いが多い」

「問題文をしっかり読まずにやってしまう」といった学習上のものから、「不注意で物を壊した」「頼まれたものと違うものを買ってしまった」といった行動上のものまで多様です。こういったミスや失敗にどう向かい合っていけばいいのでしょうか。

ところで世の中にはどうしても防げないミスがあります。例えば車ではリコールという回収が行われるような設計や製造上のミスがあります。これは高級車だからといって避けることはできないようです。ゲームでもバグというミスがあり「ゲームのバグ集」のような動画もあります。AIを使った将棋ソフトでもミスをすると羽生善治《はぶよしはる》永世七冠が某インタビューの中で語っています。人類の進歩はミスや失敗、挫折《ざせつ》と切り離せません。人類は多くの失敗を繰り返し犠牲も伴いながら進化を遂げてきました。ロケットの打ち上げなど失敗の上に成り立つ最たるものでしょう。医学の歴史をみますと、多くの犠牲の上に今の治療法が成り立っていることが分かります。身近な飲食物でいえば、フライドポテトにクレームがつけられた結果生まれたポテトチップス、ワインの醸造ミスで生まれたシャンパンなど色々と出てきます。ミスとは創造のきっかけでもあり成長の源なのです。

子どもたちはクローン人間でもコピー人間でもありません。本人もミスをしたくてしているわけでもありませんし、私たち大人も子どもに、ミスや失敗をしないように動物のような調教やマシンの性能向上を図るようなことをしたいのではないはずです。**人である以上、必ずミスや失敗はあります。大切なのはそこから何を学ぶかでしょう。**

いつもミスが多い子が「ミスが多い」と自分で言うようになったら、それはミスが増えたというよりは、その子なりに自分を理解できた部分が増え、ミスに気づくようになったのです。大人としては喜ばしく思うべきでしょう。もし学習内容を理解していなければ、テストでの失点を「ミス」とは言わず、単に分からないので「つまらない」と言います。ある意味、ミスを気にできるのは少し賢《かしこ》くなった証拠とも言えるのです。むしろミスしたことで落ち込まずに内容を理解していることを自分で褒めましょう。

でも勉強、ことさらテストにおいてミスは少ないに越したことはありません。その場合は、学校の単元テストや中間テストなど返却されてきたテストを見て自分が間違えたことをやり直しさせて分析させましょう。単なるミスなのか、読解力不足なのか、書く力の不足なのか、論理的な思考力が不足しているのかは、やり直しながら気づくものです。

一つ、二つのミスであれば、何回かやり直せばミスの数が減りますし、一つのテストで5個もミスがあれば、それはミスというよりも大切な理屈を理解していないのかもしれません。その場合には、ミスをしないように答えを求めるよりも、答えにたどり着けるように自分の考えや解き方を修正するような方法も効果があると思います。さらに、友だちのミスから学ぶという方法もあります。友だちが同じミスをしていないか、あるいは友だちのミスを自分なりに分析して、自分のこととしてミスしないように気をつける方法もあります。さらにミスノートというものを作って自分のミスを一つずつ記載していきテストの前にそれを見直すという方法は効果抜群です。

ついていけなくなるのはなぜ?

新学期になってしばらくすると保護者から「ついていくのがしんどいみたいです」という相談が寄せられます。保護者の中には自分の子どもに問題があるのではなくて、新しい先生の教え方が下手なのではと思っていることもありますし、教師側は子どもに問題があるのではと考えてしまうこともあるでしょう。これらの問題以外にも学習カリキュラムと子どもの発達スピードとのズレに問題があることもあります。

子どもの発達はどの領域も万遍《まんべん》なく同じスピードで進むわけではありません。小学校入学時点で同じでも最初はゆっくり進み後でスピードアップする子もいれば、最初は早く、その後ゆっくり進む子もいます。発達検査や知能検査の結果の推移などを見てみますと毎回ピタリと同じ数字になっていることはほぼありません。もちろん測定誤差もありますが、それ以上に子どもたちの発達には多かれ少なかれ凸凹《おうとつ》があって、それらが複雑に変動しつつ成長しているのが分かります。小学校で成績がよくなくても中学校で急にトップ近くになったりする子もいますし、逆に小学校で天才と呼ばれていた子が中学校に進むと普通の成績だったりします。また計算が苦手だった子が急にできるようになったり、作文が苦手だった子が後に作文コンクールで優秀賞を取ったりするなど、子どもの成績や発達はバラエティに富んでいるのです。

一方で学習カリキュラムは子どもが平均的に順調に発達することを前提に作られて

います。もしその子の発達が定型発達から少しでも遅れるとカリキュラムの進度に合わなくなり、次第についていきにくくなるのです。子どもの知的能力が平均的な範囲にあれば、遅かれ早かれ結果的にはみんなと同じ地点に到達するのですが、それまでの間、一時的に「ついていくのがしんどい」原因の一つになるのです。

カリキュラムは、小学生では教える内容が各学年間で等分されているわけではなく比重が違います。低学年のうちは個々の差がつきにくいように配慮されています。例えば小学1年生では、学校に来てからもさみしく泣き出したり、トイレに行けなくて失敗したりするのはごく普通です。2年生になると学校生活にも少し慣れてきて、子ども側が新しく転入してきた担任に学校の施設を説明したり、学校によって異なるルールまで説明できたりします。それでもまだ子どもたちの不安は大きいでしょう。

学校側も、学習だけでなく新しいクラスでの集団生活が始まる不安を取り除いたり、不登校になったりしないように学習の負担を減らさざるを得ないこともあります。特に低学年の子どもには我慢する力が不十分なので、テストでもすぐに満点を取りやすい問題が作られています。ところがこれが高学年になってきますと事情が異なります。

例えば小学5年生と6年生では、両者で学習内容の比重が配慮された学習指導の違いはほぼありません。

また、一つ学年が上がるごとに学ぶ量が次第に増えていきます。小学校1年生と小学2年生の算数の教科書では、文字数を比べると約2倍です。授業時間はほぼ変わらないのに学ぶ量は2倍になっています。中学年になると英語と理科と社会科が加わります。高学年になりますと家庭科とプログラミングも加わります。高学年の英語は昔の中学校1年生や2年生が学習した内容が載っています。教科の数も増えて学ぶ内容も難しくなります。これらも子どもに平均的な発達が期待されたカリキュラムなのですが、学年が上がるにつれて遅れないようについていくのがいかに大変かお分かりかと思います。かといって特別支援教育のように、児童・生徒全員に個別の発達に沿った教育支援計画を学校側に立ててもらうのはその負担から考えても極めて困難です。ですので**急に我が子がついていけなくなることはどの子でも十分にあり得ることなのです。**

それに「今まで全然分からなかったのに、学習を続けているうちにある日突然分か

った」「全体像がつかめると初めて細部の理解が進んだ」ということもよくあります。低学年のときに平仮名の習得が難しかった子が、高学年になったとき普通にテストで高得点が取れるようになっているケースなども実際にありました。**子どもにはさまざまな成長の仕方や学び方がありますので、現時点で、ついていけないことを必要以上に嘆くよりも、諦《あきら》めずに頑張る子どもの粘り強さを見守り続けることが、子どもの目的を支える大人の役割と思います。**

✝記憶が苦手な子には?

学校において記憶力は不可欠な要素です。記憶力がよくないと学習のみならず学校生活でも困難が生じるでしょう。「先生の言ったことを覚えておきなさい」「あの子は忘れものが多い」といった生活上のものから、都道府県名や日本史の年号といった社会科の内容まで、教育現場での会話では記憶に関する話題は頻繁に上がります。例えば、「これから先生の言う通りにしてください」という指示は短期記憶、九九のように長期的に保持すべき知識は長期記憶に該当します。また「明日は○○を忘れずに持ってきてください」という指示は未来への記憶、つまり展望記憶になります。学校でもこれらを使い分けています。短期記憶や展望記憶は先生の一連の指示が終了すれば忘れてもいいものですが、九九や漢字のような長期記憶が必要な学習は忘れるとその先で困ることになります。ですので、大人も子どもに何度も紙に書かせたりして覚えさせようとしますが、うまくいかず歯がゆい思いをすることも少なくありません。実は記憶力自体は限界があってそう簡単には伸ばせるものではありません。

では記憶が苦手だという子にはどうすればいいのか。それには覚えるための工夫をさせるのがいいでしょう。見たところ、自分は暗記が苦手と言っている子の中には、覚えるための工夫を使っていない子が多いです。覚えるための工夫としては例えば、ひたすら紙に書く、口に出して繰り返す、語呂合わせをする、視覚情報と組み合わせる（図示してみるなど）、興味のあるものと関連させる、体を使う、体験を利用する、ゲームのように楽しさを大切にする、などがあります。一つだけでなく複数の方法を合わせたり、独自の工夫を加えたりして自分なりの方法を見つけることでかなりの成果も期待できます。**大切なのは「覚えなさい」と言うよりも、その子に合った記憶の**

工夫を一緒に見つけてあげることです。また自分ならどれくらい覚えられそうかといった自己評価も大切です。

加えて大切にしたいのが、暗記してどんな自分でありたいのかを先に見つけることです。カッコいい自分でもよいし、テストができる自分でもよいし、ほめられる自分でもよいし、多くのことを覚える喜びのためでもよいです。ありたい自分から今の自分を見つめ直すと記憶力がよくなる場面を何度も見かけました。他人から期待された自分でもなく、なりたいと思う自分のために、今だけ覚えておけばいいのか、ずっと覚えておきたいのか、などです。そうすると自分にとって今は暗記しなくてもよいことを見つけられることもあります。

教科書はとてもよくできているのですが、理科や社会科では全国の全ての生徒に共通することばかり載っているわけではありません。そして4年に1回は教科書の内容が少しずつ変わります。前の教科書にあったことが、今年の教科書には出ていないこともあります。さらに、中学受験・高校受験でも学校により、問われている内容が違うこともあります。進路や受験校によって暗記すべき内容が違うことも分かってきます。ですので、どんな自分でありたいかを先にイメージして、そこから逆に必要な分だけ暗記に取り組むようにする方法もよいでしょう。

また**記憶について見逃されがちなのが安心できる環境です。学校でいつもいやなことがあったり、つらい気持ちであったりすると何かを暗記しようとする気持ちにもなれません。**家庭でも、両親のけんかがあったりして落ち着かなかったりすると、暗記どころではないはずです。不安の多い環境ではそもそも体が新しい情報を積極的に受け付けようとはならないでしょう。覚えさせる前にまず安心した気持ちになれる環境を整えることが先決です。記憶力がよくないことを必要以上にネガティブに捉え、それで自尊心を傷つけて負の連鎖を生み出さないような配慮が大切です。そのために、不安なことや心配事があれば家族や先生、友だち、外部の相談団体に相談できる環境も整えてあげましょう。

ところで覚える力はさておき、**覚えられない力、つまり忘れる力についても子どもにとっては大切です。**世間一般では認知症が注目される中、忘れること自体、あまりよくないという風潮もあります。しかし学校では、集団生活の中で先生や友だちにほめられたりするよりも、叱られたり、恥をかいたり、つらかったりすることのほうが多いのではないでしょうか。過去の出来事は変えられません。トイレで失敗した、みんなの前で先生に叱られた、みんなに馬鹿にされて笑われた、好きな子に嫌われた、みんなの前でズボンを脱がされた、いじめに遭《あ》った等、恥ずかしい出来事や悔しい出来事、死にたくなるような出来事があれば、子どもは学校に行くのも嫌になります。もしも、これらをずっと忘れられないのであれば子どもの心にトラウマとして残り続けます。実際、ケースによっては小さいころにあった親から受けた暴言や暴力などがトラウマとなりＰＴＳＤやうつ病になることもあります。ですので覚える力よりも忘れる力があるほうが幸せになることもあります。

†人の話を聞けないのはなぜか？

私たちの子ども時代を含め、いつも子どもたちは「先生の話を聞きなさい」「親の言うことを聞きなさい」とよく言われてきました。子どもが大人の言うことを聞かないというのは太古から人類に共通していることかもしれません。しかしここで問題にしたいのは聴力に問題はないのに人の話を正確に理解できない子どもの存在です。原因はいくつかあります。例えば話の内容を理解できない、聞いても覚える力が弱い、話に興味・関心がもてない、などです。これらについて考えていきたいと思います。

まず、日本語は習得するのが困難な言語です。アメリカ国務省によりますと、英語を母国語とする人たちにとって、日本語の習得難易度は唯一最難関の言語と認定されています。ひらがな・漢字・カタカナ・アルファベットを使い分けて表記されますし、「雲」と「蜘蛛《くも》」、「箸《はし》」と「橋」、「機械」と「機会」など、漢字で書かないと、聞いてもよく分からない同音異義語もあります。また日本語は主語が最初で述語の結論が後にきますので、「○○は、△△ではなく、□□です」のような言い回しは大人が聞いていても難しいでしょう。そもそも日本語は聞いて理解するのが難しい言語なのです。以下のような言い方では子どもはどう受け取るでしょうか。（↓は子どもの理解です）

「廊下は走らない」（↓廊下が走ったりすることがある？）

「お茶が入りました」(↓お茶がどこに入るの?)
「おばあちゃんちで遊んだよ」(↓おばあちゃんが血で遊んだ?)
「人に対して裏表があってはいけません」(↓裏だけならいいの?)

音声としては確かに「聞こえている」のに、その内容を正確に「理解できていない」という状況が起きていることもしばしばです。

内容が理解できない以外にも生活環境による誤解もあります。例えば、小学校の音楽の教科書に載っている文部省唱歌「ふるさと」(高野辰之作詞・岡野貞一作曲)の「兎追《うさぎお》いし　かの山」という歌詞を、「ウサギを食べておいしかった。蚊《か》がたくさんいる山」と解釈している子どもが実際にたくさんいるのです。同じようなことが他にもありました。1977年、ある島を猛烈な台風(沖永良部台風)が襲いました。この台風は日本の観測史上最低気圧を記録したのです(2024年12月現在)。毎年のように台風が来る島でしたが、この時は一瞬のうちに家の屋根が吹き飛ばされ、風速80メートルまで測定できる風速計さえも折れてしまうほどの暴風だったそうで、恐怖を感じた島民は近くの公民館に避難しました。水道は1週間近く止まり、電気も1カ月間使えなかったそうです。夕食時にはプロパンガスで調理した食事をロウソクの明かりで食べる日々が続き、地域の小・中・高校の運動会はすべて中止に。家の修繕費用の返済には何十年もかかったと言います。こうした体験の影響なのか、有名な童謡「しゃぼん玉」（野口雨情作詞・中山晋平作曲）の「しゃぼん玉とんだ　屋根までとんだ」という歌詞は島の子どもたちには次のような特別な意味に感じられたそうです。

「屋根が吹き飛ばされてもなおしゃぼん玉を飛ばし続ける不撓不屈《ふとうふくつ》の精神」

どんな災難や困難に遭っても、しゃぼん玉を飛ばせる豊かな心を持ち続けるべきだという思いがあったのでしょうか。実際の恐怖を体験したからこその解釈でしょう。ところが、数年後、子どもたちはこの解釈が間違いだったことを知ったそうです。作者の野口雨情さんは、わずか7日で亡くなったわが子への思いを、はかないしゃぼん玉に重ねて詠《よ》んだのだという説が明らかになったのです。

†同じ場所でも左と右になり、上と下にもなる

今度は次のようなケースを考えてみましょう。

お母さん「そのごみは左のごみ箱に入れてね」
Aちゃん「え？　どっちのごみ箱に入れればいいの？」

「そのゴミは左のゴミ箱に入れてね」という指示を受けたとき、「左」がどちらなのか迷うことがあります。指示する人から見た左なのか、指示される側から見た左なのか。さらに、部屋の中を移動すると「左」の位置も変わってしまいます。このように、相手との関係で変化する言葉を使って正確に説明することは、意外と難しいものです。場所を表す言葉の難しさは他にもあります。例えば「上」という言葉です。1階にいれば天井は「上」にありますが、2階に上がると、その同じ天井が「下」になってしまいます。このように、立ち位置が変わると意味も変わる言葉で説明すると混乱を招きやすいのです。

特に子どもにとって不思議なのが、鏡に映る自分の姿です。右手を上げているのに、鏡の中では左手が上がっている。大人は「鏡では反対になる」と説明しますが、これは子どもにとってさらなる疑問を生みます。

「左右が反対になるなら、どうして上と下は反対にならないの？」
この素朴な疑問に、実は多くの大人がすぐに答えられません。教師であっても、子どもたちからの「どうして？」という質問に戸惑うことがあります。というのも感覚的に分かっても言葉では十分な説明ができないことも多いからです。このように言葉には、状況によって意味が変わるだけでなく、時には正反対の意味になることすらあり、一見単純な言葉でも実は複雑な性質をもっているのです。

また身近な関係が「聞く力」の向上を難しくすることもあります。家庭では「アレを明日までに作って」というような曖昧な表現でも意味が通じることがよくあります。そのため、新しい言葉を覚えなくても日常的なコミュニケーションには困らない、という考えが生まれるかもしれません。興味深いのは全校生徒が20人程度の小規模校での状況です。そこでは教師も子どもも互いをよく知っているため、言葉による詳しい説明が省かれがちです。教師は子どもの性格や考え方をよく理解しているので、丁寧《ていねい》に教えすぎたり、逆に子どもの言葉を最後まで待たずに先回りして答えてしまったりすることがあるのです。

次のような会話がよく見られます。

子ども「きょうとって、もしかして……（お寺がたくさんある場所かな？）」

大人「京都って、お寺がたくさんある場所よ」

このように大人が急いで答えを言ってしまうのは、多忙な中での自然な反応かもしれません。しかし、これでは子どもが自分で考え表現する機会を奪ってしまいます。子どもに最後まで言わせるほうが、より主体的な学習態度につながるはずです。

一方、全校生徒が５００人を超えるような大規模校では状況が異なります。クラスの人数も多いため、教師は同じことを何度も繰り返して説明することができません。そのため、聞き逃した児童は教師から注意を受けたり、クラスメートから「えっ、聞いていなかったの？」と言われたりして恥ずかしい思いをすることがあります。こうした環境下では、一度で話を聞き取ろうとする姿勢が自然と身についていくようです。

また大規模校では、子どもたちの人間関係の中で必然的に摩擦《まさつ》が生まれます。

「分かってもらえていない」

「本当は、そうじゃないのに」
「言葉にできない気持ちを、察してほしい」
単純なけんかだけではありません。親しい友だちとの間でも、様々な行き違いが起きるものです。でも、このような人間関係の複雑さに直面することで、子どもたちは自然と相手の話に耳を傾けるようになり相手の気持ちを理解しようとする姿勢が育つのです。

話を聞けることのメリットに気づかせるために、学校では言葉の教え方の一つに、単語をカテゴリーに分けて丁寧に説明していく方法があります。

簡単な例ですと、
「きょうかしょ」……学校で使う本
「きょうと」…………場所
といったレベルのことですが、このとき教師は、さらに実物を見せたり、地図で示したりしながら「お寺がたくさんある場所だよ」などと説明を加えていきます。

†興味をもって聞けるために

人の話を正確に理解できない他の原因として、ＩＣＴ機器の発達によって「聞く」だけの学習機会が少なくなったことが挙げられます。学校でも子どもたちは、タブレットに慣れ親しんでいます。**タブレットが「聞く」だけでなく同時に「見る」ことも備えており、動画などは、話している言葉が同時に文字として出ることもありますので「聞く」だけの力をつける機会が少なくなってきているのです。**

そして最後に忘れてはならないのが、子ども自身が、話す人の話を心から聞きたいと思っているのかです。もしかするとこれが最も大きな要素かもしれません。人には、大勢の人たちが話をしていてもある会話だけを聞き取ることのできるカクテルパーティー効果と言われる能力もありますし、人によっては楽器の演奏中に特定の楽器の音だけを聞き分けることもできます。就寝中でも、赤ちゃんの咳《せき》や泣き声に母親は敏感に反応します。自分にとって必要な情報であれば、それを瞬時に聞き分ける力が備わっているのです。それにもかかわらず子どもが「人の話を聞けない」のは、その相手との関係がうまくいっていないことも考えられます。聞きたくない情報や嫌いな人からの情報はシャットアウトするのです。ですので、もし子どもが人の話を聞けない場合、その相手との関係性を今一度見直してみることも必要かもしれません。もしどうしても子どもがその相手を嫌がっているようであれば、聞くことの目的は情報ですのでメモを取りながら聞く習慣をつけさせるのもいいでしょう。小学校2年生から国語で聞いたことをメモするという学習法があります。

落語や漫才、日本映画などの映像作品は、楽しいことに加え言葉と映像が同時に入ってくるため、子どもたちの聞く力を高め、語彙《ごい》を豊かにする絶好の教材となります。映画好きの子どもは、大人でも知らないような専門的な言葉や、普段の生活では使わない表現まで知っていることがあります。それだけ興味のあることはしっかりと聞き取って吸収できている証拠です。話は飛びますが、東京大学の入試（1992年度、国語）で映画『男はつらいよ』の寅さんのセリフが出題されたことは有名です。これは映画などを通しても幅広い教養を身につけられることを示唆しているのかもしれません。

ところで長年教育の現場に携わる人たちは「説明が分かりやすい」と評価された時、嬉しい思いと同時に時に複雑な思いを抱くこともあるそうです。「分からない言葉に出会い、それを理解しようと努力する過程こそが、本当の学びを深めるのではないか」と考えることがあるからでしょう。現代の教科書には、以前にはなかった新しい内容や言葉が数多く登場します。特にＩＴ関連の用語は、教師自身も学ぶ必要に迫られることがあります。でもこれはよいことだと思います。新しい言葉を積極的に聞き学ぼうとする姿勢は、経済的な知識だけでなく、文化的な豊かさにも繋がっていくのです。

2　支援者も支え合う

†アドバイスよりも分かってほしい

本節では大人同士（保護者と教師など）が子どもの目的を支えるために、どう理解し合って協働していけばいいのかについて取り上げます。以下では保護者と教師がそれぞれに期待し過ぎたり、問題の原因を相手側に見つけようとしたりして、スムーズに協働できないケースを挙げながら考えていきます。

子どもが友だちとトラブルを起こしたり、教師に過度に依存したり、注意を引くために嘘《うそ》をついたりする姿を見ると、その背景に寂しさがあり不適応を起こしているのではないかと考えることがあります。そういった子どもを前に、教師は保護者に対し「子どもにもっと愛情をかけてほしい」といった思いが生じたりします。学校の先生方と事例検討会をしていると不適応のある子どもに対して「この子は愛情不足だと思います」といった意見を未だに聞くこともあります。愛情不足というと不適切養育や虐待のうちネグレクトも想像されます。しかしほとんどの不適切養育や虐待は親の愛情だけが不足して起こるものではなく、様々な要因が影響し合って起こりうるものです。愛情不足という言葉では説明がつかないことも多いでしょう。

しかし保護者に対してはどうしても「愛情が不足しているのでは?」「何か家庭に問題があるのでは?」と考えてしまい、さらにそういう思いを強める根拠に「親が仕事ばかりなので子どもがいつも一人ぼっちだ」「子どもにかまってあげていない」といった憶測があったりするのです。ところがほとんどの親は、子どものために少しでも頑張ろうと思っていても、これ以上どうしようもできないような状況に追い込まれているのです。親は子育てにいつも不安を感じていますので、仕事が大変でも子どもに寂しい思いをさせないよう、周りからもそう思われないよう、気を遣っているのです。

子育てに向き合う中で、特にシングルマザーや働く親にとっては、時間的な余裕がないことも大きな課題となります。現在、子どもの貧困率は9人に1人(2024年現在)と言われており、ひとり親世帯に限ると半数が貧困と言われています。経済的な問題から塾や習い事、部活動、進学なども諦めざるを得ない状況の中で、子どもに対して親として負い目を持ちつつも、せめて一緒にいる時間は増やしたいという切実な思いをもっていたりします。そういった親が朝早くから夜遅くまで働きながら、少しでも子どもとの時間を確保しようと努力しているところに、教師から親側に要求する「お子さんと話す時間を作っておられますか？」という言葉かけは、自分の状況をまったく分かってもらえないという悔しさを感じたり、子どもに対する罪悪感をもってしまったりして、親にとどめを刺す凶器にもなり得ます。

また教師たちの中には、子どものために言うことであれば親はきっと分かってくれる、少しでも前向きに取り組んでくれる、と考える先生もおられます。でも親が子どものために少しでも頑張ろうという気持ちになるには、親自身に少しでも元気になってもらうことが一番です。そのためには、日々身を粉にして頑張っていて全く余裕がないような親の状況を想像して、そのような親を支えるのにはどのような関わりが適切かを考えます。子どもの成長のためにと、親に「こうしたほうがいい」といったアドバイスをするよりも、親が時間を取れず子どもとゆっくりと関わることができない、話を聞いてあげることができない状況を察して、毎日でなくても連絡帳や通知表などを通じて、学校での出来事や子どもの成長の変化を丁寧に記入するなどして、子どもの様子を親に伝えてあげるのがいいでしょう。

もし親と話すわずかな機会があったら、「この機会を利用して親に何か伝えなくては」というのではなく、逆にそういうときだからこそ、親が学校や子どもについてふだん思っていること、感じていることに耳を傾けましょう。今は学校の先生も疲弊していて「学校教育は家庭教育が基本でなければ成り立たない」と考える先生もおられます。しかし貧困を含め様々な背景の家庭がありますので、親が子どもに対してあまり時間が取れていない状況があっても、決して手を抜いているのではない、怠《なま》けているのではない、といった視点が大切です。忙しい親はアドバイスより「分かってほしい」と感じているのです。

もし子どもが寂しい思いをしていると感じたのであれば、先生自身が少しでも子どもに注意して目をかけてあげるなどしてもいいでしょう。**「子どもが寂しがっている＝愛情不足」と単純に考えるのではなく、親の置かれた状況を正しく知ってどうすべ**

きかを一緒に考えるほうがいいでしょう。

†安易に専門家につなげない

子どもが何らかの不適応行動の傾向を示し始めると、保護者としては非常に不安を感じ、どう対処すべきか悩むことがあります。例えば、朝になると毎日「学校に行きたくない」と言い出す子どもに対して、母親が心配になって理由を尋ねても「行きたくない」としか返答がない。その状況に不安を抱きながらも夫からは「しばらく様子を見よう」としか言われず、母親としては心を決め担任の先生に相談しようとする場面を考えてみましょう。

担任としては母親から相談されて、起立性調節障害や発達障害、愛着障害などを思い浮かべながら、いじめ被害などがないことを確認すると、少しでも早く何とかしてあげたい気持ちや焦りから専門家につないだほうがいいと考え、紹介しようとすることもあるかもしれません。

たしかに起立性調節障害など医学的な問題であれば小児科の受診が勧められます。

しかしそういった担任の素早い対応は母親をさらに追い詰めてしまうこともあります。母親が先生に相談したのは、専門家に子どもが学校に行きたがらない理由を聞きたかったのではなく、一人で子どもの問題を抱え込み、その不安な気持ちを誰かに共有してほしいという思いがあったからです。一方、専門家というと、場合によっては学校では手に負えない何か深い心の病があるのではと相手に感じさせてしまいます。母親が不安を抱えながら相談したのにすぐに専門家への相談などを提案されてしまうと、自分の気持ちに寄り添ってくれず担任はすぐに専門家に投げた、といった態度に見えてしまい、突き放された気持ちになってしまうこともあるでしょう。

子どもに何か問題が生じたとき、場合によっては、原因は何かを突き止めてすぐに対処することも必要ですが、同時にその親や子どもの気持ちをいったん受け止めてあげることも大切です。結果的に専門家につなげることになっても、母親も不安な状況とはいえ、担任に寄り添ってもらえたと安心できます。

なお不登校のほとんどの場合、問題となるのは親が子どもの将来への不安から精神的に不安定になり、それがさらに子どもによくない影響を与え、悪循環になってしまうことです。ですので、不登校の場合はとくに親の精神的な安定が子どもへの支援の近道となります。ここでは親を少しでも安心させてあげることが一つのポイントですので、専門家につなげることも念頭に置きつつ、担任はまずは親に寄り添い、学年主任、管理職等に相談して組織的に子どもを見ていくのがいいでしょう。

†「家ではいい子」は「学校でもいい子」？

子どもが家庭と学校で異なる態度を取ることは、親や教師にとってよくある悩みの一つです。家庭では、親の言うことを聞かず、兄弟姉妹に対して攻撃的な態度を見せ、勉強よりもゲームや遊びに夢中になる。注意されると反抗的な態度を取り、暴言を吐く。このような状況に対して、親が不安を抱き、どう対処すべきかを教師に相談することがあります。

一方で、教師から見た子どもの印象が家庭での態度と大きく異なる場合、戸惑いが生じることもあります。学校では子どもが真面目で努力家の一面を見せていると教師が感じているにもかかわらず、親が不安を抱えている家庭での問題行動についての相談を聞くと、教師は家庭環境に問題があるのではと考えてしまいます。そんな時、もし教師から「学校ではとてもいい子ですけどね」といった返答をしてしまうと、親に対して自分の家庭に何か問題があるのではないかと感じさせ、学校への不信感のみならず不安や孤立感を一層深めさせてしまうことがあります。逆に、「学校では問題があるが家庭ではいい子」といった場合、親は学校の指導や環境に問題があるのではと疑うことがあるでしょう。このようなケースにおいて、親や教師は、お互いに原因があると考えるのではなく、子どもの態度が場所や状況によって異なる理由を理解しなければなりません。

まず、**子どもが相手や場所によって態度を変えることは、必ずしも悪いことではありません。むしろ、学校と家での態度が違うのが普通であるともいえます。それは子どもなりの処世術であり、将来的に必要となるスキルです。**ここではどちらに原因があるのかと考えるより、一緒に子どもをどう理解していくかを考えましょう。そのために「学校でのストレスを家で甘えることで発散しているのかもしれません」「お母さんが家でしっかり受け止めておられるので助かります」といった相手の苦労をねぎ

らう言葉かけが効果的です。その上で子どもに学校や家で何かしんどく感じていることや不安なことがないかなどを聞いてみて、その情報を親と教師で共有していきましょう。

ただ、親から家で問題ないと言われているにもかかわらず学校で問題が多い場合の中に、虐待がある可能性もあります。親に監護能力がない、親が家にほとんどおらず育児放棄している場合などは親が子どもの問題点に気づかないでしょう。もちろんそういったケースは早急に児童相談所に通告する必要がありますが、その場合であっても、一方的に親を責めるのではなく、児童相談所と連携しながら親のことも理解しつつ、子どもをどう理解していくか親と一緒に考えていくほうが長い目でみるとうまくいくはずです。

†「先生は頼りないね」――子どもの前で批判しない

昨今、子どもが教師に向かって暴言を吐くことがあります。最初からまったく指導に従わず、乱暴な態度に出ることもあります。そこで、その子どもの気持ちを解きほぐした後に聞いてみますと「だってお母さん（お父さん）が、先生はダメな人だと言っていたもん」と胸の内を明かしてくれたりするのです。これは結果的にどのようなことに結びつくのでしょうか。

もし、ある親が「あの先生は頼りない」など教師に対する不満を子どもの前で話すと、子どもはその教師に対して信頼しなくなり、授業に対する意欲をなくしてしまうことがあります。親は子どもにいい教育を受けてほしいという気持ちから、そこに不満があるとつい子どもの前でそれらをポロッと口にしてしまったりするのですが、先生への批判を耳にすると、「先生は正しくない」と子どもは受け取ります。子どもは親の気持ちの背景までは理解できません。そのことで先生の指導を一つ一つ疑ったり、言うことを聞かなくなったりするのです。先生が「勉強しましょう」と指導しても、子どもはそれを「勉強するな」と言われたのと同じくらいに受け取ります。親が批判している先生の言うことを聞くのは、子どもにとって親から愛情を失うことと同じくらい怖いことです。ましてや、勉強がつらいことが多い子どもにとって、やらなくてもよい理由があればますますやりません。それがやる気の喪失につながることもあるのです。

保護者からすれば、場合によっては自分よりも年齢が若い教師に不満をもつこともあるでしょう。でも教師側の視点はどうでしょうか。教師は大勢の子どもを見ていますが、その背後にはその何倍もの保護者・親族がいます。それだけみなさんが多様な価値観を持っているので、すべての保護者や親族の方にとって不平・不満がないように学級経営するのは不可能に近いでしょう。さらには教師が学校のことをすべて決定しているわけではありません。文部科学省・市町村の教育委員会・学校経営方針・学年経営方針に基づいて職務上出された指示にも従い、そして様々な諸法令にも従い組織の一員としての対応も求められています。選挙ではある候補者に対して有権者が100パーセント信任しなければ当選しないというわけではありません。ところが、学級経営については、一人でも異議や不満を唱える保護者がいますと、納得してもらえるまで対応しなければならない、つまり100パーセントの信任を得るまで対応しなければいけないことがよくあります。中には理不尽な要求もあったりします。教師はそんな信じがたい状況に置かれていると理解しましょう。

ではどうするのがいいか。**子どもはいつも新しいことや難しいことに挑戦しており、常に不安を感じています。子どもにとっては少しでも多くの味方がいてくれることが安心につながり、それが子どものやる気を引き出します。子どもは親を一番のモデルとしますし、親が先生へ信頼を寄せることで子どもは先生に対しても安心できます。**

ですので親が先生と一緒になって自分を支えてくれているという〝安心感〟が子どものやる気にとって最も大切な糧《かて》になります。

「先生は、あなたたちのことを思って言ってくれていると思うよ」「さすが教え方が上手だね。私もあんな先生に習いたかったな」というように、親も子どもの前で先生をほめ、信頼を寄せていることを子どもに伝えると良いでしょう。ほめるのは間接的に、悪いことは直接伝えるといった方法は対人関係を円滑にする基本です。何か心配なことがあれば直接先生に相談してみるほうがいいでしょう。学校では先生が子どもの安心の人となりますので、子どもが信頼して安心できるように、先生のことを悪く言わないことが結局は子どもの安心とやる気につながるのです。

†ほめればいい?

授業中に集中できず、友だちと口論になりがちな子どもの場合、その背景には家庭での複雑な状況が影響していることも少なくありません。こうした場合、教師が「もっと家でほめてあげてください」と親に助言することがありますが、その言葉が親にとって教師への不信感を増大させることもあります。

先生が子どもに自信をつけさせてあげたいと思う気持ちは分かります。しかし親にとってはそれよりも子どもの状況を先生に知ってもらいたいという気持ちが強いこともあります。たとえば学校で落ち着きがなく友だちに手が出てしまう子どもは、家でも同様の問題が考えられます。家でも手伝いをせず部屋を散らかし、きょうだいげんかばかりしている、勉強もせずゲームばかりしていて注意すると暴れる、暴言を吐く、などがあるかもしれません。そういった場合、親はかなり疲弊しているでしょう。にもかかわらず先生から「もっとほめてあげてください」と言われると、この先生は子どもの状況をまったく分かってくれていないという不信感につながってしまうのです。

「お子さんはとてもいい子ですよ」とほめたとしても親は必ずしも喜ぶとは限りません。親は子どもを単に賞賛されることよりも、しっかり見てくれることを望んでいます。単に子どもをほめるだけではなく、親のニーズを正しく知ることが大切なのです。

ただしネガティブなことばかり伝えると親は「先生は子どもの悪いところしか見ない」と拒否的になることもあります。ですので、子どものできるところ、苦手なところ、いいところ、課題点などを整理して一緒に伝えましょう。親に「お子さんのことで困っていることはどのようなことですか？」と聞いてみるといいでしょう。きっと多くの訴えが出てくるでしょう。それらを傾聴した上で、親の頑張りや苦労を労《ねぎら》い、子どもの状態を正しく共有し合うことからスタートです。そこですぐに親にアドバイスをしたくなっても極力抑えましょう。逆に、これまでどのような関わりが効果があったのかを親から教えてもらうといいでしょう。教師から頼りにされることで、こんな自分でも子どものためにできることがあると親自身も勇気が出てくることでしょう。

†教育環境の変化を理解する

近年、教師を取り巻く環境はひと昔前とは比べられないほど様変わりしました。今の学校の先生ならば、担任の子の保護者からの電話でドキドキしたことは一度や二度ではないかと思います。某県では小学校採用試験の合格者の7割が辞退するということもありました。このような事態の背景として生徒指導・保護者対応・業務量等の大変さが知人やマスコミ、SNSなどを通して広く知られるようになったことも関係しているでしょう。また近年インターネット動画で分かりやすい教育動画がたくさん見られるようになりました。学校ではなかなか準備しにくい理科や社会科の内容までプロのナレーション付きで視聴できるようになりました。以前は勉強の発信源が学校だけでした。時代とともに、それが塾・予備校・家庭教師にも広がり、今や世界中のあらゆるコンテンツがインターネットやSNSで簡単に見られるようになりました。もはや知識や知恵は学校の授業よりもIT機器を利用するほうがたくさん得られるようになったのです。そうなるとどうしても教師の存在意義が薄れてきます。教えることが好きで、そして子どもたちが成長する喜びのために教員の道に進もうとしたのにもかかわらず辞退する背景を、複雑に感じます。どこも教師のなり手不足が深刻です。あらゆる機会を通じて教師の募集をかけてもなかなか確保が難しいようで、中には教頭先生が担任の代わりをしている学校もあります。

また現在、全国の小中学校の不登校児童生徒は34万6000人（2023年度）を超えています。子どもの数は減っているのに不登校の人数は激増しています。そのような中、2024年8月に文部科学省から「不登校児童生徒が欠席中に行った学習の成果に係る成績評価について」という通知がなされました。学校に出席していなくても自宅学習やフリースクールでの学習成果を通知表などに反映させるのです。もちろん不登校児童生徒にとっては、これまで評価欄が斜線になることもあったことからすると素晴らしいことです。評価方法の具体例も文部科学省のホームページ（https://www.mext.go.jp/a_menu/shotou/seitoshidou/1422155_00002.htm）に示されていて、それによりますと、学校の授業にオンラインで参加している学習成果、学校から届いたプリントや教材等を学習した成果、フリースクールでの学習成果、民間のeラーニング教材の学習成果なども考慮するようにと紹介されています。

しかし一方で現場教員からは、登校児童生徒との公平性を保つことが難しいといった声が上がっています。国語や算数（数学）などの主要教科ならまだしも、学級活動や道徳、体育、クラス活動など、その場にいない子の評価はどう判定するのか、場合によっては不登校児童生徒の成績が登校児童生徒を上回ることもあります。さらにプリントの準備や訪問を含めた個別対応、他機関との情報共有など教員の負担は増大します。今後どのようになるのかはまだ分かりませんが、増加の一途をたどる不登校児童生徒を背景に、そもそも児童生徒の評価は、基礎的な計算や文字の読み書きのようなものを基準にするしかなくなるかもしれません。

†よくなってきたこと

でも教育環境は昔と比べ大人、子ども双方にとって改善してきたこともあります。教育の目的には、道徳的にも安定した社会を作ることも含まれているように思います。

こう考えると、教育現場での価値観や慣習は、時代とともに変化してきたことも納得できるでしょう。昭和から平成、そして令和にかけて、科学的な知識や人権意識の浸透により、以前の指導方法が改められ、新たな考え方が取り入れられています。今、義務教育を受けている子どもにとっては、社会生活と自分の生活を直接結び付けて実感することはなかなか困難なことかと思いますが、私たち大人からすると、自分たちが受けてきた教育環境と比較すれば違いは明らかです。これらは人々が学習したからこそ明らかに改善されたことなのです。以下、本節のテーマと少しずれますが、人々や子どもたちの生活に結びつけながら紹介していきたいと思います。

・日焼け大会からラッシュガードへ

かつて学校では「日焼け大会」というのがありました。夏休み期間中に子どもはできるだけ元気に外で遊び、顔や体が日焼けするほうが良いといわれていたからです。夏休み明けにどの子が一番日焼けしたかを競うコンクールがありました。その後、オゾンホールの発見や紫外線による皮膚癌《ひふがん》などの医学的な見解が知られるようになり、今では男女を問わず長袖の水着（ラッシュガード）を着る子どもも増えました。近年は猛暑が続き、夏に外で過ごすことに注意が必要なことは言うまでもありません。

・運動中の水分補給の扱い

運動中に水を飲むとバテるので、飲んではいけないという風潮がありました。猛暑の中で激しい運動を数時間続けたとしても、喉《のど》の渇きを癒そうと水を飲もうとすると、指導者から激しい叱責を受けたり、罰を与えられたりすることが一般的でした。このような風潮は学校の教育現場にも深く根付いており、運動会の練習が2時間に及ぶ場合でさえ、水分補給が認められることはほぼありませんでした。当時の教育者たちの間で「忍耐力を養う」ための当然の指導方法とされていたのです。しかし次第に運動中の適切な水分補給が、パフォーマンスの維持や熱中症の予防に不可欠だという医学的根拠が広く認識されるようになりました。社会全体が科学的な考え方を受け入れ、スポーツ現場での水分補給は当たり前の光景となっていったのです。

・体罰をどうとらえるか

教育現場における体罰は、今日においても依然として課題として残されています。しかし、回数や原因などその実態は明らかに変化しています。昔は授業中に、先生に口ごたえしたら叩かれる、分からないから叩かれる、英単語のスペルを間違ったから叩かれる、宿題ができていないから叩かれる、忘れ物をしたから叩かれることが普通にありました。さらに体育の授業中に走るのが遅いから叩かれたり、ボールを取り損なうと叩かれたりすることもありました。努力しようがないことにも「愛のムチ」といって叩かれました。もっとも体罰件数が減ったからいいとか、内容が昔の方がひどかったから今はいいということではありません。体罰は、その形態や頻度にかかわらず、完全な根絶を目指さなければならない問題です。ただ現在に至るまでの変化は、社会全体における人権意識の向上と体罰への深い理解の広がりによってもたらされたものと言えるでしょう。

・左手で文字を書くこと

教育現場において、左手での文字執筆指導に対する考え方は大きく変化してきました。かつて教員間では「左手で書く児童への指導が不十分」「将来のことを考えれば、右手での執筆を徹底させるべき」という指摘が交わされるのが一般的でした。教師が家庭訪問をすると「右手で文字を書くように指導してほしい」と何人もの保護者から言われたとの話もあります。しかし今では、左手での文字の執筆が自然に受け入れられています。これは社会の文化的な価値観が変化しただけでなく、利き手の矯正が不要であるどころか発達に悪影響を及ぼす可能性があるという医学的な知見が広く理解されるようになった結果といえます。

・親の離婚

昭和の時代には今とは異なり、母子家庭や父子家庭は稀《まれ》な存在でした。離婚後、子どもを引き取った側の親と暮らすことになると、その親の実家から「あなたがいるために息子（娘）の再婚が難しい。再婚のためには子どもがいないほうがいいのだ」「あなたが生まれてきたから親は苦労している」といった心無い言葉を子どもは延々と投げかけられ、毎日のように涙を流したという話を聞いたことがあります。

しかし今離婚はあくまでも夫婦間の関係解消であるという認識が定着し、たとえ再婚したとしても、一定の条件を満たせば子どもと別居親との面会交流が利用されるようになりました。このような認識の変化の背景には、法律知識の普及が大きく貢献していると考えられます。

・発達障害の理解

１９８０年代のことですが、「全国自閉症児を守る会　○○支部」のサークルなどでは、多くの学生ボランティアが活動していました。でも当時は、自閉症の子どもと手をつないで歩くだけで、見知らぬ人から突然、心無い罵声《ばせい》を浴びせられることもありました。その頃はまだ自閉症は親の育て方の問題と誤解している人たちも多く、共に歩く親たちは、そうした周囲の無理解に深く心を痛めていたのです。しかし今では自閉症は育て方でなく脳機能の問題と理解され、そのような心無い言動は大幅に減少しています。これは発達障害の医学的解明、自閉症児の存在とその人権について、社会全体の理解と学びが着実に進んできた結果です。

・多様な性

数十年前の教育現場では、「男らしさ」「女らしさ」という固定観念が色濃く残っていました。女子はスカートとブルマー、男子はズボンや短パンという服装の区別。当時、子どもたちの間では相手の性的指向や性自認を侮蔑《ぶべつ》する言葉が日常的に使われていました。大学の講義でさえ、教科書に登場する学者が同性愛者であることを揶揄《やゆ》する場面があったのです。

しかし今では多くの人々が多様な性について学び、理解を深められるようになっています。興味深い譬《たと》えとして、「田中」という苗字は2024年現在、日本の人口の約1％（およそ100人に1人）ですが、LGBTQと自認する人々の割合（約1割）はそれをはるかに上回ります。

未だに「自分の周りにはLGBTQの人はいない」という声を時々耳にしますが、実際にはそうではありません。多くの方々が自身のセクシュアリティを伏せて生活しているのです。このような現状は客観的なデータによる学習を通じて明らかになってきました。今後LGBTQは社会全体の認識として定着していくことでしょう。かつての偏見や差別から、理解と受容の時代へと、ゆっくりですが確実に社会は歩みを進めているのです。

第三章

やる気を〝使命感〟に繋げるために

1　子どもたちの〝やる気〟と言う前に、考えたいこと

孤独にさせない

最後の章ではこれまで述べてきたことをまとめ、やる気を〝見通し〟から〝目的〟に、そして〝使命感〟に繋げていくために我々大人が考えるべきことについていくつかの観点からみていきたいと思います。

子どもに「やる気がない」ことを嘆く保護者の方は多いです。そこで学習塾などへ通わせれば解決できるのではないかと考え、相談を受けることもあります。でも話はそう簡単なものではありません。10代は小学校・中学校・高等学校と進みます。そして環境は激しく変わります。学習の内容が難しくなってくるのに加え、量も多くなる

ので多少頑張ったところでなかなか成績に大きな成果がありません。小学校の低学年ぐらいだと少し頑張れば目に見えた成果もありますが、学年が上がるにつれて、真剣に頑張らなければ結果につながらないこともあります。少しぐらいのやる気では、どうしようもないことを感じ始めます。さらに友だちの家の話も入ってきますので、家庭教師をつけてもらっている、塾の特別なコースに通っているなど、家庭での学習環境の違いにも気づいてきます。もしその子の家が経済的に厳しければ、「自分が習い事をすればお金もかかる。家は裕福でないし……」ということも考えるでしょう。

学習以外にも他人の何気ない言葉に傷付けられることもたくさんあります。異性との関わりや友だち同士の関係も複雑になってきます。実際、学習よりも友だち関係でエネルギーを使い切っている子どももいます。ところが学校で学ぶことの中心は、友だち関係や異性関係ではないため、子どもなりに手さぐりで過ごすしかありません。そのようなしんどい時期に「やる気がない」と叱《しか》られても、子どもの心を上滑りする言葉としか聞こえないこともあります。

ただ、たとえやる気のないように見える子でも、やる気はもっていると信じます。

もし本当にやる気がなければ、学校でもやる気を示さず授業も受けたくないはずです。実際にそう見える子たちに気持ちを聞いてみますと、親御さんに支えて欲しかったり、独りで頑張るのが寂しかったりすることも少なくありません。実は子どもは孤独がつらいのです。「親にそばにいてほしい。でも恥ずかしくて言えない」「やる気はある。でも孤独は嫌だ」そういった声が聞こえてきそうです。もし学校で孤独になりにくい環境があれば、家ではやる気を示さなくても学校ではやる気を出せることもあります。学校では「皆がするから自分もする」という子も多いのです。皆がやっていることが正しいのかどうかの判断よりも、孤独から逃げられることを優先しているからです。

やる気が出せる前提として安心・安全な環境が必要です。孤独だと心から安心はできないでしょう。やる気のないように見える子が孤独を感じていないか、留意すべき点かと思います。では子どもに孤独を感じさせないようにするためにはどうしたらいいのでしょうか。もし時間的な余裕があれば、一緒に教科書を見たり読んだりしてあげればいいのですが、忙しい親にとっては一緒に勉強することはなかなか困難です。そんな時には親も無理せず「難しいことを勉強しているね」「お父さん（お母さん）

には、わからないことを勉強しているね」など、自分の正直な気持ちを伝えるだけでもいいでしょう。勉強を見てあげられなくても、違うことをしながら一緒に同じ空間にいるだけでもいいのです。それだけでも落ち着くことは、どなたでも経験のあることでしょう。

†何のために勉強するかに答えられるか

子どもたちのやる気がもてない原因に、子どもたちの質問や疑問に私たち大人がしっかり答えきれていないこともあります。

「何のために算数を勉強するの？」
「日本人なのにどうして英語を勉強するの？」
「そんな難しい化学式を覚えることにどんな意味があるのですか」

という質問に、大人自身も納得のいく答えを与えられないことがあります。「将来のため」「よりよく生きるため」と言われても、有名大学に行って有名企業に入ってすぐに辞めたとか、リストラに遭《あ》って突如つらい生活を強いられる人たちもいます。将来にどんなことが起こり、どんな生活になっているのか、正直だれもよく分からないのが現状でしょう。**何のためにやる気を出す必要があるのかはっきりしないのです。大人にもはっきりしないことを、子どもにも自信をもって答えることはなかなか困難です。**

子どもたちに勉強を教える際の重大な課題の一つは、実はこの「勉強する目的」をどのように伝えるかだと思われます。子ども一人一人、異なる夢や目標を持っています。大学進学を目指す子もいれば、高校進学せずに家業を継ぐことを選ぶ子、またプロスポーツ選手を目指す子もいます。40人学級において進路が異なる子がいれば、その子に適切な配慮をしてあげる必要もあります。そのため、特に義務教育においては、子どもたちがどのような人生の道を選択しても通用する普遍的な価値を伝えることが学校・家庭のいずれかにかかわらず我々大人として必要になってきます。

とはいうものの勉強する目的として、今の立場からして私たちの頭に浮かぶのは、例えば、学歴を得るため、ビジネススキルを向上させるため、出世するため、収入を増やすため、豊かな生活をするため、教養を深めるため、専門知識を身につけるため、社会的評価を得るため、少しでもいい条件の結婚相手を見つけるため……など極めて現実的なことばかりではないでしょうか。そういった俗っぽい現実が当たり前になっている私たち大人は、果たして、目の前の子どもたちに勉強の目的について本心から伝えていけるのでしょうか。以下では主に、学歴と収入の面から考えてみたいと思います。

†学歴のため？　稼ぐ力のため？

「有名大学が優秀な人材を育てる」

有名大学と優秀な人材の関係について、世間一般的にそう信じられているかもしれません。受験競争を勝ち抜いた優秀な学生が有名大学に入学してくるのは事実です。これは、オリンピック選手やプロスポーツ選手が、単なる練習量だけでなく、生まれ持った素質も必要だということに似ています。すでに、必ずしも努力だけで学歴を手に入れられるわけではないことに我々大人は気づいています。

つまり子どもたちが勉強したからといって、皆が高い学歴を手に入れられるとは限らないのです。たとえ苦労の末、高学歴を手に入れたとしても、その学歴はどこまで役に立つのでしょうか。詳細は述べませんが海外の大学が行った長期研究によれば、確かに学歴による違いは存在するようです。中卒と高卒、高卒と大卒の間では、求人数や生涯収入に明確な差が見られます。しかし、同程度の能力を持つ人々の間で、大学名の違いが生涯賃金に大きな影響を与えるというデータは、少なくとも教育現場ではほとんど見られません。国内においても全国的に有名な一部の大学を除けば、わずかな偏差値の違いが人生を大きく左右するとは考えにくいのです。

さらに有名大学でも決して安泰というわけではありません。例えば東京大学と京都大学では年度にもよりますが、二つの大学で合わせて約6000人の学生が入学します。単純に計算すると10年間では、約6万人の学生が卒業することになります。30年間では約18万人になります。さらに東大と京大以外にも優秀といわれる大学は医学部も含めたくさんあります。「エリート」とは少数の概念もありますので、国内で働く20代〜50代の労働者の中にそんなに多くのエリートがいるとは考えにくいでしょう。

つまり東大や京大の枠に入ったからといって決して安泰とは言い切れず、卒業生のみなさんも様々なご苦労をなさっておられるはずです。

大学卒業が近づくにつれて、大学生は学歴の価値への不安が生じることもあります。そして社会人になって初めて、学歴が実社会で持つ意味の限界を、身をもって体験するのです。かつては安定した終身雇用を誇った有名企業でさえ、現在高い離職率に直面しています。一流企業や金融系企業でも、入社3年以内の離職率が30%に達し、50代以降の社員の転職や関連会社への出向が増加しています。このような状況の中では、学歴を追い求める本来の目的や自己実現の意味を見失ってしまう危険性があります。若い世代は、SNSなどを通じてこうした情報に日常的に触れています。その結果、「努力は必ず報われる」と教えてきた教師や親への不信感を抱くことがあり、時には教師や親を時代遅れだと判断し心を閉ざしてしまうケースさえ見られます。

次に、「稼ぐ力」や「ビジネス能力」を得るために勉強することも、よく挙げられる理由です。しかし、これらにも二つの矛盾が潜んでいます。一つ目は家族関係における矛盾です。仮に保護者がビジネスの世界で特に大きな成功を収めておらず、高い収入を得ているわけでもないとしましょう。しかし、その同じ保護者が、優しさにあふれ、他者への思いやりを持ち、子どもたちから深く愛されている存在かもしれません。もし親として「ビジネス能力」「稼ぐ力」を学びの目的とすると、子どもは苦しい立場に立たされます。なぜなら、経済的な面から見れば、自分の大切な保護者は「不十分な存在」とみなさざるを得なくなるからです。しかし子どもの心には、保護者を好きでいたい、尊敬したい、感謝の気持ちを持ち続けたいという生来の願いがあります。ここに深刻な葛藤が生まれるのです。

二つ目は説得力です。もし親や教師が本当にビジネスで成功する方法や、確実に稼ぐ手段を知っているのであれば、子どもに助言する以前に、まず自らがそのノウハウを実践して家族の生活をより豊かにしようと考えるはずです。もし、実際のビジネスの場でうまくいっていないのであれば、勉強することの目的や方法について、適切な助言は難しいかもしれません。

親子向けの教育相談をしていたとき、ある子から印象的な言葉を聞きました。
「えらい人というのは、勉強ができて、仕事でお金儲《かねもう》けに成功しただけの人ではないの？　その人たちを目標にする気持ちはないよ」
最低限のお金は必要ですが、稼ぐ力に価値を置くような大人の考え方は、今の子どもたちには受け入れられないようです。**学歴や収入のために長期間の努力を続けることは、必ずしも賢明な選択ではないかもしれないことに子どもたちも薄々気づき始めています。生活に必要な収入は理解しながらも、金銭を人生の価値とする考え方は、やる気に繋がらないのです。**

†みんながするから？

「周りがするから自分も勉強する」という動機づけもあります。それは最初の動機づけにはなりますが、学習がだんだん難しくなってくると、程度の差はあれ分からないことも必ず出てきます。そもそも入試は差をつけないといけない試験です。どうしても「できた人」と「できなかった人」に分けることが必要になってきます。１００人の募集定員に500人が出願すると400人の不合格者を出す問題を作らなければならなくなります。すると「みんなと同じようになりたい」「自分だけができないのがつらい」と思い、努力しても何ともならなくなります。一方で入試があるからこそ頑張れる子どももいますし、選別する必要がある以上、入試というシステムそのものを無くすことは現実的ではありません。

これらの例のように勉強のための動機づけはなかなか難しく、子どもの年齢や生活経験を考えれば勉強の目的をイメージすることはさらに困難でしょう。でも、**そもそも学問は、決して他人との優劣を競うために生まれたものではないはずですし、できない他人を侮辱し、差別し、傷つけるためのものでもないでしょう。**学問は、何千年もかけて人々の生活を豊かにし、社会を改善し、そして何よりも個人を成長させるために築かれてきたものではないでしょうか。だからこそ、人々は学問の素晴らしさを感じているのです。例えば成功しお金と名誉を得たプロスポーツ選手でも引退後に大学に入り学び直したりするのも「豊かな物」のためではなく、学問そのものの価値を見出したからかもしれません。とはいっても子どもに学問の価値を理解してもらうのはなかなかハードルが高いでしょう。子どもたちが学校で勉強しているのは学問というより教育における教科だからです。

2 学びの本質が〝使命感〟に繋がる

†学問と教育の違い

学問を修めることは確かに重要な教育目的の一つです。しかし実際の学問的な学びと子どもへの学校教育との間にはズレもあります。

学問的な議論は主に大学や大学院で行われます。例えば、高校までの数学と大学の数学では、その性格が大きく異なります。大学の数学科では「数学とは何か」という定義さえ容易に扱えないこともあるでしょう。数学は、解析学、代数学、整数論、数学基礎論、確率論、統計論など、多岐にわたる分野に分かれています。「数学」という言葉一つとっても、専門家の間で意見が分かれるほどです。数学研究と学校教育の現実的な違いも明らかです。本来の数学研究では、紙の使用枚数に制限はなく、時間の制約もありません。一方、学校教育の数学のテストでは、時間が厳密に制限されます。「答えがわかっている」ことを答えるのが学校教育におけるテストで、「答えがわかっていない」ことを研究するのが学問における数学の立ち位置なのです。「数学ができない」ということは学問上と教育上とは意味が異なります。

また理科の分野では光の性質を教科書で学んでも、光が何でできているのかという根本的な問いには小学校では触れません。これだけ身近にあるのに学問的にははっきりと分かっていないからでもあります。光のことを研究してノーベル賞を受賞した科学者ですら分からないようなことを小学3年生から学び始めているのです。「万有引力の法則」と言いながらも、「万有引力の事実」とは言わないのはなぜでしょうか。実験では引力はその法則が確認されているのですが、万有引力そのものを誰も目にしたことがないからです。依然として「万有引力があるはずだ」という仮説の段階にとどまっています。小学生ですら知っている現象でもまだ分かっていないことも多いのです。そこは宇宙空間や自然の壮大さ、雄大さに気づき感動することが学問的な学びの原点でもありますが、学校教育とはかなりの距離を感じます。

学問分野の細分化も顕著です。「世界史」は独立した学問ではありません。世界の歴史について基礎的なことや教養として学ぶことには十分に価値はありますが、世界のあらゆる国の出来事を一人で全て研究することなどは不可能です。「日本史」という日本のことだけでも、あらゆる時代の文化・政治・経済・宗教のすべてに詳しい専門家はいないのです。そのため自分の研究する時代や分野だけに絞って研究します。つまり何十人もの学者がそれぞれ研究したことを合わせて「日本史」ができているのです。パスタも寿司もカレーも和食もフランス料理も中華料理も作れる専門店がほぼ無いのと同じです。「理科」も化学・生物・物理など研究の先端では、細かく分かれています。「国語」という学問もなく、実際には古文・漢文・現代文・文学として個別に研究されています。これらを考え合わせると学問と教育とでは同じようなテーマを学んでいたとしても、そもそも概念が違うのかもしれません。

ですので純粋に学問を学ばせたいという理想があっても、学校で教える内容や選別試験との間にずれが生じることは避けられません。「学問のため」という動機づけだけでは、十分な学習意欲を引き出せない現実があるのです。

ただ共通しているのは**学問や教育はいくつになってもやり直しがきくことです**。他者との比較ではなく皆とともに何十億の人々がよりよく暮らしていけるようにすることができるのです。**自分の努力を人々のためにも使えることは学問や教育の力です。**次に学んだからこそ改善できることについて述べていきます。

†不幸な状況から抜け出すために

これまでたくさんの子どもたちを見てきました。事故で片目を失明しても、家庭環境が複雑すぎて家族に打ち明けられない子どもや、どうしようもないくらい極度の貧困に苦しむ子どももいます。さらに男女を問わず肉親からの性暴力を受けている子どもたちもいます。加害者が家族である場合、被害者である子どもが家族を頼りに状況を改善することは極めて困難です。学校の教師であっても、被害に気づかないことや、気づいても保護者から訴訟されるリスクを恐れて適切な対応ができないケースがあります。また教師が学級内の40人近い子どもたち一人一人の家庭内の状況を把握し、予防・解決することなどは現実的に不可能に近いでしょう。

そのため、こういった問題の解決には学校以外の支援機関や支援者の活用が必要となりますが、警察や児童相談所、弁護士などの法律相談、あるいは「いのちの電話」といった相談窓口の利用方法を知っておくことが必要です。その際、自分がどんなにつらい立場なのか、事実と気持ちを分けて伝えることが自分を守ることになります。口頭で言えなくても文章で書いたり、自分でできない時には、代わりにできる人に頼んだりして、言葉で伝えることが自分を守ることになります。つまり不幸な状況から抜け出すためには自身の状況を事実と感情を整理して伝える力を身につけることが必要なのです。これは被害者本人だけでなく、支援者となりうる周囲の人々にとっても当然必要なスキルとなります。困難な状況にある人を助けるため、私たち一人一人が必要な知識とスキルを備えておくことが大切なのです。

†孤独から解放されるために

孤独は時として私たちの心を深く傷つけます。特に、自分で自分を責め、非難することで生じる孤独は避けるべきです。一人で静かに考える時間は大切ですが、それは自分を追い詰めるためではなく、自分を大切にするためにあるのです。世の中は驚くほど速く変化しています。今では当たり前のスマートフォンもタブレットもパソコンさえも昔はありませんでした。しかし人々は時代の流れを感じ取りながら、絶えず学び続けてきました。自分の成長に無関心な人には、他者も自然と距離を置いてしまうものです。逆に、何かを学び続ける人には、不思議と人が集まってきます。それは、自分を大切にする気持ちが、周りの人々の心も温かく包み込むからかもしれません。学びは自分自身を愛する方法の一つなのです。そして、そのような前向きな学びの姿勢は、豊かな人との繋がりへと広がっていき、孤独からの解放にも繋がるのです。

小学校・中学校・高校を卒業した人が、大人になり校舎を訪れた時に懐かしい思い出が呼び起こされることがあるかと思います。私たちの心に浮かぶのは建物の記憶だけではありません。むしろ、そこで共に時を重ねた仲間たち、励まし合った友人たち、そして私たちを導いてくれた教師たち。思い出の主役はいつも「人」なのです。人が大切にするものは一人ひとり異なるでしょう。でも「社会とのつながり」は、私たちの喜びや悲しみの源として、特別な位置を占めているのではないでしょうか。これらも学びを通して得られたものなのです。

†人から必要とされ社会と繋がるために

誰からも頼られず、求められないことは、一見すると気楽に見えるかもしれません。しかし裏を返せば「誰からも必要とされていない」とも言えます。この言葉を聞いて、そのほうがより深い心の重荷に感じないでしょうか。突き詰めれば「他者から必要とされる」ことこそが経済的な豊かさだけでは満たされない人間の本質的な欲求なのかもしれません。どんなに裕福な人でも、働き続けたりＳＮＳで自分を表現したりするのは、そのことを物語っていると感じます。私たちは社会という大きな織物の中で、自分という糸が誰かと繋がることを本能的に求めているのです。その繋がりの中にこそ、学びの本質がある気がします。

自分の努力や学びの成果を自分のためだけに使いたいという気持ちは否定しませんし、自然なものと思います。でも、これまで友だちが分からないことを教えてあげて相手に感謝されたとき、何とも言えない喜びを感じた経験は誰にでもあると思います。自分のためだけの学びでは、次第にそれだけでは満足できなくなってくるのです。社会の不条理や誤りを指摘し、正そうとする学者や専門家の存在は重要です。しかし、それだけでは人々の暮らしがよくならないことや真の意味での社会の進歩は実現できません。

テストでよい点数を取って、欲しかったおもちゃを買ってもらっても、一つ目を手に入れた喜びは、二つ目を手に入れたときに半分ぐらいに減ります。そのうちいくら頑張って何を買ってもらったとしても喜びや嬉《うれ》しさは次第に減っていき、学ぶことの動機や目的にはならないでしょう。「資格試験（例えば宅地建物取引士、司法書士、社会保険労務士、税理士等）の勉強をして合格したら、よい給料をもらえるよ」ということを言われても、大人でも長続きしません。ましてや子どもにとってはなおさらです。収入を増やしたり豊かな物を手に入れたりするために学ぶことは、得られる喜びに限界があるのです。

誤解なきよう申し上げますが、生活を支えるための経済活動は必要です。日本が世界からみても比較的安全なのは、多くの方々が仕事に就ける教育を受けており、経済的な安定があるから犯罪を行う必要がないことも一つの理由だと思われます。しかしお金や物ではなく、社会と繋がりをもち人から必要とされる喜びを求めて学ぶことは、くじけても失敗してもチャレンジしたくなるものです。そこには何年たっても自分の心を満たすことのできる真の喜びがあるからです。あなたの学びがあなただけのものではなく、自分の不幸や悲しみに加え他者の不幸や悲しみを減らしたり、なくそうとしたりするために誰かのために役立つとき、特別な喜びが生まれます。その喜びこそが、私たちの社会をよりよい方向へと導く大きな原動力となるのではないでしょうか。

自分の学びへの「やる気」が、社会の一員として繋がることができ、そこに喜びが

あると子ども自身が感じられたとき、学びの本質が学歴や稼ぐ力、不幸や孤独からの脱却を超え〝使命感〟に繋がっていくことでしょう。

†立ち止まって考えてみる

社会では「結果がすべて」「自己責任」「努力不足が敗因」とよく言われます。しかし人は自分の努力だけで結果が得られるのでしょうか。努力したくとも、できない環境もあります。**「頑張ったら応援する」「やればできる」という言葉かけをしても、「頑張ってもできない子ども」が必ずいます。**その人たちの実態を紹介したのが拙著『ケーキの切れない非行少年たち』でした。先に挙げたような言葉は、時として重い鎖となります。結果が得られない中で、何もできない、ステータスのない自分ではいけないのか。何かの能力を持っていなければ愛されない、認められないのか。この問いには誰であってもなかなか答えにくいでしょう。

私たちの社会は、確かに大きく変わってきました。それは専門家や学者の努力だけでなく、多くの人々が学び続けてきた結果なのです。でも私たちが望む本当の社会は、ただ強さだけを求める場所ではないはずです。弱い人に「強くなれ」、病気の人に「健康になれ」、できない人に「できるようになれ」と、ひたすら個人の努力だけを求める社会を人々は決して望んでいないと思います。我々はみんな年を取って弱っていきます。そんなときに望むのは「生き抜く力」を身につけさせる社会ではなく、「弱いものが弱いものであることも、許してもらえる社会」なのではないでしょうか。今思うのは、何もしていない、何も持っていない自分を愛し大切にできる力を育むことこそが、学びの最初の一歩かもしれないということです。

繰り返しますが学問は、他人と比べて優劣を競うために作られたものではありません。もちろん自分を傷つけるために生まれてきたものではありません。人々が自分の生き方や考え方を見つめ直しながら、よりよく生きようとして作られたものです。**学問の大切さが、いつの時代にも信じられているのは、人と人を区別したり、不快にさせたりする手段ではなかったからです。**昔から比べ今が少しでも改善してきたと思えるならば、それは専門家や学者だけでなく、多くの人々が学習してくれたからだと思います。数千年前の何百万人、何千万人の人々によって様々な学問が生み出されて、それを人々が学び伝え、生活は数千年前と比べてよくなったのです。第2章第2節の最後でご紹介したように、教育界も昔に比べて様々な場面でよい変化がありました。学問を競争や比較や名誉欲のためでなく、正しく役立てるように学べば何十億人の人々すらも、その生き方をよりよくすることができるのです。これが学問を学ぶ価値であり、何千万人によって作られてきた学問というエネルギーです。

学力を上げること自体を勉強する目的であると勘違いし、他人を思いやるどころか他人を不快にさせるために学力を使わないことです。私たちが今、正しいと信じている目標は、後の時代から見れば不十分だったり、間違っていたりするかもしれません。それは同時に、私たちにはまだ見ぬ新しい目標を作り出す可能性があるということでもあるのです。

†大人の学びが子どもの学びに繋がる

今、学校で教える大人たちも学ぶ子どもたちも、義務教育という言葉の重みに戸惑っていると感じます。強制的に学ばせる制度というイメージが先行し、その本質が見えにくくなっているように思います。しかし、この「義務」という言葉の真の意味を知ると、私たちの視点は大きく変わります。それは子どもたちへの強制ではなく、むしろ、教育を受ける機会を確実に保障するという大人社会の重要な責務を表しているのです。この制度は、歴史の教訓から生まれました。新しい時代を切り拓《きひら》こうとした先人たちは、よりよい社会を築くためには、すべての人々に学びの機会が必要だと考えたのです。それは単なる理想論ではなく、社会の土台を支える具体的な知識と技能を、次世代に確実に継承していくための仕組みでした。

では、子どもたちは具体的に何を学べばよいのでしょうか。その答えは、意外にも私たち大人の学びの姿勢の中に隠されていると思います。ここで興味深いのは、専門家の学びの実態です。一流の数学者でさえ、自身の研究分野以外については驚くほど知らないことが多いものです。これは決して恥ずべきことではなく、むしろ学問本来の意義や深さ、広がりを示している証といえます。このことは、子どもたちへの教育のあり方に重要な気づきを与えてくれます。すべてを理解することを子どもたちに求めるのではなく、知りたいと感じることを知る喜びを伝えることが、学びを育むと言えるのではないでしょうか。

社会で生きていくための実践的なスキルは重要です。しかしそれ以上に大切なのは、学びを通じて世界を理解する喜びや、自分はどのような人間でありたいのかを探求する姿勢だと思います。私たち大人の姿勢は、言葉以上に子どもたちの心に響きます。何を大切にし、何に感動し、どのように学び続けているのか。子どもたちは、私たちの生き方そのものから、学ぶことの意味を感じ取っているのです。

親が本を買って楽しそうに読んで過ごしている姿だけでも子どもにはとても大きな影響を与えます。料理レシピ本や雑誌でも何でもよいです。またお芝居や映画を観ることを親が楽しんでいれば、子どもも同じことをしたくなり興味をもちます。子どもの成長のために、親も一緒に楽しく過ごすことができれば一石二鳥です。子どもは強制されたとは思わないし、自分の意志で習い事をしたくなります。やる気をもたせようとするよりも、親の楽しく学ぶ姿を見せることが最も素晴らしいやる気へと繋がるのです。**よく「子どもたちを見守る」という表現を耳にしますが、実際には「子どもたちから見られている大人」という視点のほうが本質的かもしれません。**私たち大人の学びへの姿勢が、子どもたちの学習意欲や使命感を育んでいるのです。

義務教育の本質は、単なる知識の伝達システムではありません。それは、世代を超えて学びの価値を伝え、社会の未来を築いていく、壮大な営みなのです。そこに私たち大人の責任と子どもの学びの可能性がより鮮明に見えてくることでしょう。

おわりに

本書には「あなたが生まれてきたから、親が苦労している」「あなたがいるから親が再婚できない」と実の祖母から言われた子どものことが書かれています。それは実は私のことです。当時は離婚がまだ珍しく、私を施設に入れるべきだという親戚の意見に流されずに引き取ってくれたのが父親でした。息子（私の父）のために祖母は再婚相手を見つけたり、応援したりしましたが、連れ子がいるために破談になったと何度も私は責められました。小学校3年生の時でした。父親が仕事で遅くなるときは祖母がご飯を作ってくれましたが、毎晩のように私が泣き崩れるまでそうやって責められました。それは1年間以上続きました。

小学校6年生の時に父が再婚し、私が中学校2年生時に義母が弟を産みました。義母から私は「ゴキブリ」と呼ばれていました。ご飯を作ってくれないこともありました。インフルエンザでどんなに熱が高くても氷枕の準備を私は義母にお願いできませんでした。片目を失明しても、親に知らせられなかった人についても本書で触れましたが、私のことです。父も義母も私の失明の事実を知らないまま旅立ちました。

私は小学校高学年の頃から、ずっと自分への問いかけがありました。それは「自分が生まれてきて、幸せになった大人と不幸になった大人はどちらが多いのだろうか」「自分は何のために生きていけばよいのだろうか」そして「自分は何のために勉強しなければならないのか」ということでした。その答えを見つけるために十数年かかりました。答えは、テストや受験の向こうにある学問を学ぶためでした。大学を出て、教師として子どもたちと接し学び合うことで得られた視点です。試験の問題と学問の内容はどうしても異なります。学問には合格者と不合格者を分けたり、他者との競争や他人を不快にさせたりする狙いがありません。学問は不幸から逃げたり、自分の苦しみを和らげたりするために学び続けられることに気づきました。

そして豊かな物や地位を求めて学んでも長続きしないことに気づきました。学歴が高ければ経済的な豊かさや地位等を得られる可能性が高くなり、職業の選択肢が広がることは確かに事実です。それは誰もが実感しているはずです。それにもかかわらず学習が長続きしなかったり、教え子から「勉強なんてやったって意味がない」と言われたりすることがよくありました。ホームページによりますと東京大学と京都大学には学部生・大学院生・聴講生・研究生も含めると2つの大学で合わせて5万人ほどいるそうです。多くの大人はそこに届かないのに立派に生活しているという矛盾をいつも感じていました。そして学歴や豊かな物ではなく、豊かな自分や自分たち、そして自分のためだけでなく広く社会に有益である場合に学び続けられるときにだけ〝使命感〟が発生することに気づきました。テストや受験とは異なり、学問はいくつになっても学び直すことができて、自分や自分たちが、よりよく生きるために何千年もかけて作られてきたものだと信じています。

今の世の中は、子どもも教師も親も競争から脱落しないように懸命です。他人を思いやるゆとりがありません。自分の子どもにすら思いやることが難しい時代です。結果を出した人はすべて自分の力だと考え、結果を出せなかった人は、すべてその人の努力が足らなかったからだと責められる傾向があります。

けれども本当に、結果というのは自分の努力だけで手に入れられるのでしょうか。この本を読まれるみなさんは、成績のことで叱られ、くやしさのあまりに涙を流したことがなかったでしょうか。仕事で理不尽なことを言われても我慢しかできなかったことはないでしょうか。また努力しようとしても病気になったり、ハンディを抱えてしまったりして、競争に参加することさえできないことはなかったでしょうか。そんな方々への一助になれば嬉しく思います。

私にとって、昔のことまで思い出すことはつらいことでもありました。自分の過去を思い出し不安定な精神状態の時、大学時代の同級生である宮口幸治氏から精神科の専門医としてアドバイスもいただきました。そのことで自分の踏ん張りが、自分のためだけでなく子どもを含めた社会の一助になれたらよいという勇気に繋がりました。

最後になりましたが筑摩書房編集部の伊藤笑子氏からは温かい言葉かけと熱意をいただき今回の出版に繋がりました。心より感謝申し上げます。

２０２５年２月

小学校教諭　田中繁富

本書は、明石書店から２０２０年に刊行された『ＮＧから学ぶ　本気の伝え方』の原稿をもとに、大幅に改訂・加筆し再構成したものです。

ちくま新書
1858

「頑張《がんば》れない」子《こ》をどう導《みちび》くか
――社会《しゃかい》につながる学《まな》びのための見通《みとお》し、目的《もくてき》、使命感《しめいかん》

二〇二五年五月一〇日 第一刷発行

著　　者　宮口幸治（みやぐち・こうじ）
　　　　　田中繁富（たなか・しげとみ）

発 行 者　増田健史
発 行 所　株式会社 筑摩書房
東京都台東区蔵前二-五-三 郵便番号一一一-八七五五
電話番号〇三-五六八七-二六〇一（代表）
装 幀 者　間村俊一
印刷・製本　三松堂印刷 株式会社

ISBN978-4-480-07686-1 C0237

ちくま新書

1691
ルポ 特殊詐欺
田崎基
強盗まがいの凶行で数百万円騙し取る。「家族を殺すぞ」と脅され犯行から抜け出せない。少年から高齢者まで全世代が警戒すべき、今最も身近で凶悪な犯罪のリアル。

1698
ルポ 脱法マルチ
小鍜治孝志
「近くでいい居酒屋知らない?」。ついていったらマルチだった。毎日新聞の記者が、謎の「事業家集団」の実態に迫るルポルタージュ。

1714
職場のメンタルヘルス・マネジメント
――産業医が教える考え方と実践
川村孝
社員が会社に来なくなった……。悩ましい事例にどう対応したらよいか。実務から考え方まで、管理職や人事担当者が押さえておくべきポイントをわかりやすく解説。

1759
安楽死が合法の国で起こっていること
児玉真美
終末期の人や重度障害者への思いやりからの声がある一方、医療費削減を公言してはばからない日本の政治家やインフルエンサー。では、安楽死先進国の実状とは。

1762
ルポ 歌舞伎町の路上売春
――それでも「立ちんぼ」を続ける彼女たち
春増翔太
買春客を待つ若い女性が急増したのはなぜか。当事者たちのほか、貢がせようとするホスト、彼女らを支援するNPO、警察などを多角的に取材した迫真のルポ。

1756
ルポ 高学歴発達障害
姫野桂
エリートなのに仕事ができない――理解が得られにくい不条理に自身も発達障害者であるライターが、当事者、大学教員、精神科医、支援団体への取材を通じて迫る。

1821
社会保障のどこが問題か
――「勤労の義務」という呪縛
山下慎一
日本の社会保障はなぜこんなに使いにくいのか。複雑に分立した制度の歴史を辿り、日本社会の根底に渦巻く「働かざる者食うべからず」という倫理観を問いなおす。

ちくま新書

1847
風俗嬢のその後
坂爪真吾
性風俗で働かざるを得なかった原因をインタビューをもとに分析し、誰もが自分の名前で働き、経済的・精神的に自立できる社会を実現するための方策を示す。

1162
性風俗のいびつな現場
坂爪真吾
熟女専門、激安で過激、母乳が飲めるなど、より生々しくなった性風俗。そこでは、どのような人たちが、どのような思いで働いているのか。その実態を追う。

1360
「身体を売る彼女たち」の事情
――自立と依存の性風俗
坂爪真吾
なぜ彼女たちはデリヘルやJKリフレで働くのか？　そこまでお金が必要なのか？　一度入ると抜け出しにくいグレーな業界の生の声を集め、構造を解き明かす！

1562
性風俗サバイバル
――夜の世界の緊急事態
坂爪真吾
デリヘル、ソープなど業態を問わず危機に直面した性風俗。世間からは煙たがられ、客足は遠のき、公助も望めない中、いかにしのぎ切ったのか、渾身のドキュメント。

1806
「性格が悪い」とはどういうことか
――ダークサイドの心理学
小塩真司
あなたにもある「ダークな心」、マキャベリアニズム、サイコパシー、ナルシシズム、サディズム。特性、仕事との相性、人間関係などを心理学が分析。何が問題か？

1817
エスノグラフィ入門
石岡丈昇
「場面を描く、生活を書く」『タイミングの社会学』（紀伊國屋じんぶん大賞2024第2位）の著者、最新刊。エスノグラフィの息遣いを体感する入門書。

1826
リサーチ・クエスチョンとは何か？
佐藤郁哉
「問い」は立てるだけで完結しない！　調査し分析する過程で、問いは磨かれ、育ち、よりよい問いへと変化を遂げるものだ。それを可能にするメソッドを解説する。

ちくま新書

399
教えることの復権
大村はま
苅谷剛彦・夏子
詰め込みかゆとり教育か。今再びこの国の教育が揺れている。教室と授業に賭けた一教師の息の長い仕事を通して、もう一度正面から「教えること」を考え直す。

1180
家庭という学校
外山滋比古
親こそ最高の教師である。子供が誰でも持つ天才的能力をつなぎとめるには、親が家庭で上手に教育するしかない。誇りを持って、愛情をこめて子を導く教育術の真髄。

1455
ことばの教育を問いなおす
——国語・英語の現在と未来
鳥飼玖美子
苅谷夏子
苅谷剛彦
大学入学共通テストへの記述問題・民間試験導入などで揺れ動く国語教育・英語教育。ことばの教育はどうあるべきなのか、3人の専門家がリレー形式で思考する。

1511
学力格差を克服する
志水宏吉
学力格差の実態はどうなっているのか？　それを克服するにはどうすればよいのか？　「学力保障」の考え方や学校の取り組みなどを紹介し、解決に向け考察する。

1549
日本の教育はダメじゃない
——国際比較データで問いなおす
小松光
ジェルミー・ラプリー
「いじめや不登校」「ゆとり教育の失敗」……日本の教育への数々の批判は本当なのか？　気鋭の2人が国際比較データを駆使して教育問題に新たな視点を提供する。

1843
貧困とは何か
——「健康で文化的な最低限度の生活」という難問
志賀信夫
生きてさえいければ貧困ではないのか？　気鋭の貧困理論研究者が、時代ごとに変わる「貧困」概念をめぐる問題点を整理し、かみ合わない議論に一石を投じる。

1845
なぜ人は自分を責めてしまうのか
信田さよ子
「自責感とうまくつきあう」。当事者の言葉を辞書として、私たちを苦しめるものの正体に迫る。公開講座をもとにした、もっともやさしい信田さよ子の本。

ちくま新書

1686
聞く技術 聞いてもらう技術
東畑開人
「聞かれることで、ひとは変わる」。人気カウンセラーが教える、コミュニケーションの基本にして奥義。読んですぐに実践できる、革新的な一冊。

1656
臨床心理学小史
サトウタツヤ
「過去は長いが、歴史は短い」。フロイトからマインドフルネスまで、臨床心理学の歴史と展開の百数十年を概観し、現代の心理実践を考えるための一冊。

1654
裏横浜
——グレーな世界とその痕跡
八木澤高明
オシャレで洗練され都会的なイメージがある横浜。しかし、その背景には猥雑で混沌とした一面がある。欲望、野心、下心の吹き溜まりだった街の過去をさらけ出す。

1649
ルポ 女性用風俗
菅野久美子
「買う女」たち、「買われる男」たち、そして店の経営者への取材を通して、多種多様な欲望や風俗に通う動機、社会的背景を探る。巻末に宮台真司との対談を附す。

1640
日本水商売協会
——コロナ禍の「夜の街」を支えて
甲賀香織
新型コロナウイルス感染症の震源地として名指しされた「夜の街」。差別的扱いの実態から成長産業としての魅力まで、業界団体代表が業界の全体像を描く。

1621
ひきこもりの真実
——就労より自立より大切なこと
林恭子
「家族と同居する中年男性」ばかりじゃない！ 8050問題の陰に隠れた、女性や性的少数者、困窮の実態に迫る。そして、家族や支援者に伝えたい本音とは——。

1623
地方メディアの逆襲
松本創
東京に集中する大手メディアには見過ごされがちな問題を丹念に取材する地方紙、地方テレビ局。彼らはいかに現場と読者に向き合っているのか。当事者の声を届ける。

ちくま新書

1611
「ひきこもり」から考える
――〈聴く〉から始める支援論
石川良子
葛藤を言葉にできない「語れなさ」を抱えて立ちすくむ「ひきこもり」。その支援の本質は当事者の声を〈聴く〉ことにある。読むとなぜかホッとする支援論。

1612
格差という虚構
小坂井敏晶
学校は格差再生産装置であり、遺伝・環境論争は階級闘争だ。近代が平等を掲げる裏には何が隠されているのか。格差論の誤解を撃ち、真の問いを突きつける。

1489
障害者差別を問いなおす
荒井裕樹
「差別はいけない」。でも、なぜ「いけない」のかを言葉にする時、そこには独特の難しさがある。その理由を探るため差別されてきた人々の声を拾い上げる一冊。

1490
保育園に通えない子どもたち
――「無園児」という闇
可知悠子
保育園にも幼稚園にも通えない「無園児」の家庭に潜む闇を、丹念な研究と取材で明らかにした問題作。NPO法人フローレンス代表、駒崎弘樹氏との対談も収録。

1496
ルポ　技能実習生
澤田晃宏
どのように日本へやってきたか。なぜ失踪者が出るのか。働く彼らの夢や目標と帰国後の生活とは。国際的な人材獲得合戦を取材して、見えてきた労働市場の真実。

1521
ルポ　入管
――絶望の外国人収容施設
平野雄吾
「お前らを日本から追い出すために入管（ここ）があるんだ」。密室で繰り広げられる暴行、監禁、医療放置――。巨大化する国家組織の知られざる実態。

1528
レイシズムとは何か
梁英聖
「日本に人種差別はあるのか」。実は、この疑問自体が差別を生み出しているのだ。「人種」を表面化させず、差別を扇動し、社会を腐敗させるその構造に迫る。

ちくま新書

1373
未来の再建
――暮らし・仕事・社会保障のグランドデザイン
井手英策
今野晴貴
藤田孝典
深まる貧困、苛酷な労働、分断される人々。現代日本の根本問題を抉剔し、誰もが生きる上で必要なベーシック・サービスの充実を提唱。未来を切り拓く渾身の書!

1414
武器としての世論調査
――社会をとらえ、未来を変える
三春充希
内閣支持率は西高東低。野党支持は若年層で伸び悩み。世論調査を精緻に見ていけば、この社会の全体像が見えてくる。仕組みの理解から選挙への応用まで!

1420
路地裏で考える
――世界の饒舌さに抵抗する拠点
平川克美
様々なところで限界を迎えている日本。これまでのシステムに背を向け、半径三百メートルで生きていくことを決めた市井の思想家がこれからの生き方を提示する。

1422
教育格差
――階層・地域・学歴
松岡亮二
親の学歴や居住地域など「生まれ」によって、子どもの学歴・未来は大きく変わる。本書は、就学前から高校まで教育格差を緻密に検証し、採るべき対策を提案する。

1433
ソーシャルワーカー
――「身近」を革命する人たち
井手英策/柏木一惠
加藤忠相/中島康晴
悲惨に立ち向かい、身近な社会を変革するソーシャルワーカー。人を雑に扱う社会から決別し、死ぬまで人間らしく生きられる社会へ向けて提言した入魂の書!

1434
ルポ 平成ネット犯罪
渋井哲也
出会い系、自殺系、裏サイト、闇サイトを舞台にした売春、ドラッグ、自殺、いじめ……。リアル世界に飛び出したネット事件を歩き、バーチャル空間の功罪を探る。

1436
教え学ぶ技術
――問いをいかに編集するのか
苅谷剛彦
石澤麻子
オックスフォード大学の教育法がここに再現! 論理をいかに構築するのか? 問いはどうすれば磨かれるのか? 先生と学生との対話からその技術を摑み取れ。